科特勒新营销系列

营销革命

Marketing 4.0
Moving from Traditional to Digital

4.0

从传统到数字

[美] 菲利普·科特勒（Philip Kotler）
[印尼] 陈就学（Hermawan Kartajaya） 著
[印尼] 伊万·塞蒂亚万（Iwan Setiawan）

王赛 译

机械工业出版社
CHINA MACHINE PRESS

Philip Kotler, Hermawan Kartajaya, Iwan Setiawan. Marketing 4.0：Moving from Traditional to Digital.

ISBN 978-1-119-34120-8

Copyright © 2017 by Philip Kotler, Hermawan Kartajaya, Iwan Setiawan.

This translation published under license. Authorized translation from the English language edition, Published by John Wiley & Sons. Simplified Chinese translation copyright © 2025 by China Machine Press.

No part of this book may be reproduced or transmitted in any form or by any means, electronic or mechanical, including photocopying, recording or any information storage and retrieval system，without permission, in writing, from the publisher. Copies of this book sold without a Wiley sticker on the cover are unauthorized and illegal.

All rights reserved.

本书中文简体字版由 John Wiley & Sons 公司授权机械工业出版社在全球独家出版发行。

未经出版者书面许可，不得以任何方式抄袭、复制或节录本书中的任何部分。

本书封底贴有 John Wiley & Sons 公司防伪标签，无标签者不得销售。

北京市版权局著作权合同登记　图字：01-2017-3095 号。

图书在版编目（CIP）数据

营销革命 4.0：从传统到数字 /（美）菲利普·科特勒 (Philip Kotler),（印尼）陈就学 (Hermawan Kartajaya),（印尼）伊万·塞蒂亚万 (Iwan Setiawan) 著；王赛译. -- 北京：机械工业出版社，2024.11. --（科特勒新营销系列）. -- ISBN 978-7-111-77241-5

I. F713.50

中国国家版本馆 CIP 数据核字第 2025HS9563 号

机械工业出版社（北京市百万庄大街 22 号　邮政编码 100037）

策划编辑：刘　静　　　　　　　　责任编辑：刘　静
责任校对：王小童　李可意　景　飞　责任印制：任维东
三河市骏杰印刷有限公司印刷
2025 年 4 月第 1 版第 1 次印刷
170mm×230mm・12 印张・1 插页・110 千字
标准书号：ISBN 978-7-111-77241-5
定价：69.00 元

电话服务　　　　　　　　　　　网络服务
客服电话：010-88361066　　　　机 工 官 网：www.cmpbook.com
　　　　　010-88379833　　　　机 工 官 博：weibo.com/cmp1952
　　　　　010-68326294　　　　金 书 网：www.golden-book.com
封底无防伪标均为盗版　　　　　机工教育服务网：www.cmpedu.com

MARKETING 4.0
献　词

　　谨将此书献给未来的营销从业者和行为经济学家，愿你们在经济、社会、环境方面做出营销产业的贡献，服务于全人类和这个星球。

——菲利普·科特勒

　　谨将此书献给佐科·维多多总统，2010～2012年印度尼西亚政府年度营销人物和新希望（《时代》杂志2014年10月27日刊）。

——陈就学

　　谨将此书献给陪伴在我身边的"F因素"——我的家人、朋友和其他人，是你们让我变得更好。

——伊万·塞蒂亚万

MARKETING 4.0

赞 誉

从营销 1.0 到营销 4.0，每一次的营销升级，思维背后都是把营销作为市场增长战略的核心，这本书值得所有关注增长问题的 CEO 阅读。

——**曹虎**
博士，科特勒咨询集团全球合伙人、中国区及新加坡区域总裁

今天企业界学习与应用数字营销，科特勒教授的 5A 模型是最底层的逻辑。这本书揭示了数字大浪潮下营销的变局要如何应对，影响了中国市场营销向数字化转型的顶层设计。市场营销之变是企业生意机会之所在！

——**侯孝海**
华润啤酒董事会主席，金沙酒业前董事长

科特勒教授的 5A 模型简洁完整地描绘了目标消费者的消费决策路径。小红书在营销方法的研究和探索过程中，深度理解和借鉴了 5A 模型，基于对用户的精细理解，以合适的买点内容精准匹配不同场景的用户细分需求，以实战操作展现科特勒教授观点的前瞻性。《营销革命 4.0》值得每一位营销人阅读。

——之恒
小红书 CMO

《营销革命 4.0》以了解、吸引、问询、行动、拥护，即 5A 方法论为核心，强调尊重客户的良性需求，注重互动与情感联结，完全契合数智化营销的底层逻辑。与流行的心智定位的"洗脑式"营销不同，5A 方法论更关注客户行为路径设计，通过激发兴趣、建立信任、促进行动和赢得拥护，实现客户终身价值管理。这种策略不仅避免了掠夺式营销，还通过情感拥护实现品牌忠诚度的提升，是数字时代营销的升级版。

——景奉杰
华东理工大学商学院营销科学研究所所长
中国高等院校市场学研究会副会长
兼教学委员会主任、执委会 CEO

科特勒作为营销的奠基人，再次升级自己的商业洞见，如果你不看，你极有可能被竞争对手拉下马！

——王群
IBM 前莲花软件中国区总经理

当今世界的科技发展日新月异，每一次的变革都推动了下一次的浪潮。这样的环境下必须有基准和参照，才能帮助营销人员不断进步。营销 4.0 埋下了这项事业的第一根支柱，为试图创造并了解数字移动未来的人们设立了起点，带来了无价的财富。

——霍华德·图尔曼
芝加哥创业企业孵化器 CEO/1871

互联网和信息技术为营销带来了翻天覆地的变化，而本书让我对新时代的营销大开眼界。

——赫尔曼·西蒙
西蒙顾和管理咨询公司创始人、名誉主席

没有人能像菲利普·科特勒一样，准确地把握市场的脉搏，他对于市场营销趋势及发展的敏锐嗅觉和解读让人瞠目结舌。科特勒和其他作者一起，用《营销革命4.0》为成功的营销开辟了新的道路。这是你不得不读的一本营销宝典。

——凯文·莱恩·凯勒
塔克商学院 E.B. 奥斯本营销学教授

科特勒等作者对当今的数字化、互动性市场和营销的新角色进行了完美的解读。

——唐·舒尔茨
西北大学梅迪尔新闻学院整合营销传播学荣誉退休教授

菲利普·科特勒是"现代营销学之父"，没有人比他更适合来记录当今营销学领域发生的重大变革。未来的营销将会是数字化的，而这本书就是你的向导。

——艾·里斯
《定位：争夺用户心智的战争》[⊖]**作者**

随着营销界越发奋力应对数字化转型，《营销革命4.0》为营

[⊖] 本书中文版已由机械工业出版社出版。

销人员提供了令人眼前一亮的模式和详尽的案例。

——奈马亚·库马尔

伦敦商学院营销学教授

这是一本非常出色的指南，介绍了即将到来的挑战营销实践的变革，帮助不知所措的营销人员驾驭数字连接所带来的权力转移和可能性，并将其转化为自身优势。

——乔治·S. 戴

宾夕法尼亚大学沃顿商学院杰夫里·T. 博伊斯荣誉教授

尽管已经从事营销顾问行业 40 年了，我仍时常被快速多样的变化震撼。因此我很高兴看到菲利普·科特勒大师能够继续为我们带来帮助。如今他又带来了《营销革命 4.0》，指导我们迎接信息技术革命和消费者新的需求带来的变化。

——沃特尔·维埃拉

作家、访问学者、国际管理咨询协会理事会前主席

MARKETING
4.0
致　谢

《营销革命4.0》成书历时六年，这六年间，有很多人都为这本书做出了贡献。作者想感谢MarkPlus的WOW惊叹团队，感谢他们无数个日夜同作者们一起进行头脑风暴，成员包括尤萨诺娃·萨维特利、温蒂·钱德拉、塞西莉亚·赫尔曼多、凯文·莱昂纳德、昆西·沃恩索、艾德文·哈迪、艾德里安·胡迪奥、艾维塔·塔尼亚、莎布琳娜·安尼萨拉希伊珂、安德鲁·昂干达和法克里扎·普拉萨马。

还要感谢MarkPlus的领导理事会，感谢他们为这本书投入的思想和精力，成员包括迈克尔·赫马万、杰克·慕斯里、陶菲克、亨德拉·沃尔斯塔、维维耶·杰利克、史蒂芬妮·赫马万等人。

最后，我们还想感谢Wiley的团队，有理查德·纳拉莫尔、蒂芙尼·科伦、乔思琳·克维亚特科夫斯基，是你们让《营销革命3.0》和《营销革命4.0》得以顺利面世。

营销方法论的建设，比如抖音所提出的电商双轮驱动，小红书在 H2H（人对人）营销下的"种草"生长逻辑。所以我深知，各大消费品品牌今天要想"种草""种树"、生长、爆发，都必须回到数字营销最底层的逻辑中去，而这些千变万化的平台方法论中，最底层的就是《营销革命 4.0》中的 5A 方法论。

作为将 5A 方法论引入中国的人、《营销革命 4.0》的译者，以及科特勒咨询集团中国区及新加坡区域管理合伙人，我非常感谢机械工业出版社再版《营销革命 4.0》。希望每位企业界的读者都能从深度阅读中看到新的市场机会，也欢迎与科特勒咨询联系，一起升级你在数字时代的营销战略。最后再推荐与本书相关的几本书：

- 《数字时代的营销战略》，曹虎、王赛、乔林和艾拉·考夫曼著；
- 《品牌双螺旋：数智时代创建"真品牌"的新方法论》，鲁秀琼、王赛著；
- 《营销革命 5.0：以人为本的技术》，菲利普·科特勒、陈就学和伊万·塞蒂亚万著。

深度阅读是一场脑力探索与心灵对话，祝阅读愉快！

CEO 咨询顾问，《增长五线》作者

科特勒咨询集团中国区及新加坡区域管理合伙人

MARKETING 4.0
译者序

营销 4.0：数字化转型的第一战略

人们最早听到营销 4.0 的概念是 2013 年在东京，当时菲利普·科特勒受到日本皇室的邀请，从 2013 年开始，连续三年，每年三天，为日本工商界的企业家和跨国公司的领导者展开关于市场营销战略的讨论。这场名为"科特勒世界营销峰会"（Kotler World Marketing Summit）的讨论，第一届从孟加拉国开始，到马来西亚，然后到日本，受到了政府首脑的鼎力支持，尤其在日本工商界取得了巨大的反响，以至于被评价为第二次世界大战之后 70 年来，日本工商界第二次从顶层设计输入美国商业思想的浪潮——第一次是戴明博士的引入，革新了日本制造的质量管理；第二次就是这次科特勒的进入，输入"以市场为导向的战略思维"，希望再造日本企业的竞争力。

参加这个峰会的，除了"现代营销学之父"菲利普·科特勒，还有"定位之父"艾·里斯、品牌资产开创者戴维·阿克、整合营销传播之父唐·舒尔茨，论坛中这些营销战略咨询领域的泰山北斗辩论激烈，可谓"华山论剑"，其中戴维·阿克和艾·里斯，就"到底有没有公司品牌的问题"在台上争得面红耳赤。但在两点上，这些顶级大师的观点高度一致——第一，营销，应该上升为CEO层面最重要的战略核心；第二，数字化时代的营销，与传统营销相比，是一种革命，是一种商业范式的转移，是诸多国家、企业、非营利组织"弯道超车"的转折性机会。

菲利普·科特勒开场的报告题目是"营销的进化"，他把市场的演进分为多个阶段，它们是：战后时期（20世纪50~60年代）、高速增长期（20世纪60~70年代）、市场动荡时期（20世纪70~80年代）、市场混沌时代（20世纪80~90年代）、一对一时期（20世纪90年代~21世纪00年代）、价值驱动时代（21世纪00~10年代）以及近年来所产生的价值观与大数据时期（21世纪10年代至今），这种分类方式基于历史。于是他又提出了另一种基于逻辑的进化路径，这就是从营销1.0到营销4.0。

简单来说，营销1.0就是工业化时代以产品为中心的营销，解决企业如何实现更好地"交易"的问题，功能诉求、差异化卖点成为帮助企业从产品到利润，实现马克思所言的"惊险一跃"的核心。营销2.0是以消费者为中心的营销，不仅仅需要产品有功能差异，更需要企业向消费者表达情感与建立形象，因此这个阶段出现了大量以品牌为核心的企业。营销 3.0 是以价值观驱动的营销，它把消费者从企业"捕捉的猎物"还原成"丰富的人"，是以人为本的营销。营销 4.0 以大数据、社群、价值观营销为基础，企业将营销的中心转移到如何与消费者积极互动、尊重消费者作为"主体"的价值观，让消费者更多地参与到营销价值的创造中来。在数字化连接的时代，洞察与满足这些连接点所代表的需求，帮助消费者实现自我价值，就是营销 4.0 所需要面对和解决的问题，它是以价值观、连接、大数据、社群、新一代分析技术为基础所造就的。

第一届东京论坛结束之后的四年里，科特勒和陈就学等把他们的这些商业洞见，结合科特勒在世界范围内所做的咨询案例，写成了这本书。近年来，商业社会也不断变迁，如战国时期群雄逐鹿，常有王者被拉下马，正如科特勒对我说的那句话——"市场变得比市场营销更快"（Market changes faster than Marketing）。数字化的时代，是一个洗牌、颠覆的时代，也是一个"弯道超车"的时代，新的营销方式对原有的营销模式进行了升级，甚至是彻底重构。在 2013～2017 年这四年，中国和美国成了互联网领域的 G2；这四年，跨界颠覆不断兴起，Uber 市值超过了 700 亿美元，而三大汽车公司市值最高也就是 600 亿美元；也是这四年，我们很难定义什么是第一产业、第二产业和第三产业，所有这些产业都可以用"数字+""互联网+"获得新的发展机遇，所以我一直说，未来可能只有"原生型互联网公司"

和"再生型互联网公司",前者如谷歌、BAT,后者如小米、摩拜;同样地,从这四年再往后看,数字化浪潮下,不仅是中国企业赶超原有世界级企业的重大机遇,也是新一代营销战略咨询顾问向全球输出洞见、理念和方法论的风口浪尖。我想,这就是数字化转型在中国企业界讨论如此之热的原因。

现在谈数字化转型,可以从组织谈,可以从企业文化谈,但是真正最值得落地的是市场战略,是营销。为什么?因为市场战略和营销直接定义了客户与企业的接触面,直接定义了价值,其他的转型模式都是来支持客户体验和客户价值的。这也是近年来科特勒咨询顾问团队碰到的一个企业转型现实——不从营销入手做数字化转型,数字战略要么变成了"互联网思维",找不到落地的实施步骤;要么变成了"数字工具使用集合",找不到整体战略蓝图。好的战略,应该"上得去,拆得开,落得下"。

在菲利普·科特勒和陈就学等写这本书的同时,他们获得了印度尼西亚总统的支持,在巴厘岛的乌布皇宫边上,在古建筑群里开辟出世界上第一家营销战略博物馆。博物馆中珍藏了大量关于营销的书籍与影音资料,值得重点一提的是,专门为博物馆录制这些视频的对象,除了故去的乔布斯,还有比尔·盖茨、扎克伯格、布兰森等,清一色全是顶级CEO。在菲利普·科特勒眼中,营销不是一项职能,而是一种以客户为导向的市场战略,是CEO应该具备的第一思维。在今天的数字化浪潮下,连接、消费者比特化、客户参与、基于数据的策略动态调整,这些因素使得以客户为导向的市场战略更必要、更鲜活、更易于落地。传统时代下公司的所谓战略，只能叫作规划，多为自说自话，有点像企业内部的计划经济。用规划取代战略，这才是多数企业战略失效的本质原因；营销、市场战略不一样，它是真正的战略，这也是我近两年在中国企业家圈反复提示的——请把营销作为数字化转型的第一战略。

  感谢科特勒以及机械工业出版社的信任，让我翻译你眼前看到的这本书，祝阅读愉快，更愿你知行合一。他山之石，可以攻玉。

王赛

科特勒咨询集团中国区管理合伙人

MARKETING
4.0
序　言

从营销 3.0 到营销 4.0

过去的六年里，我们在世界各地结识的营销人员都表示想看到《营销革命 3.0》⊖的续集。面对着瞬息万变的营销市场，大家都期待着《营销革命 4.0》的面世。

在《营销革命 3.0》一书中，我们讨论了从产品驱动的营销（1.0）到消费者驱动的营销（2.0），再到以人为本的营销（3.0）的转变。《营销革命 3.0》中，我们观察到消费者正在转变成具有独立思想、心灵和精神的完整个体，因此，我们认为市场营销的未来在于创造产品、服务和企业文化，这些产品、服务和企业文化都包含并反映了人类的价值观。自《营销革命 3.0》2010 年问世以来，许多营销人员都把它当作行动指南，它在全球范围内被翻译成 24 种

⊖ 本书中文版已由机械工业出版社出版。

非英语版本，大受读者好评。

出版一周年时，我们在巴厘岛的乌布建起了营销3.0博物馆，这里要感谢乌布的三位王子——Tjokorda Gde Putra Sukawati、Tjokorda Gde Oka Sukawati 和 Tjokorda Gde Raka Sukawati 对博物馆建立工作的慷慨帮助。乌布是精神的圣地，的确是建立第一座营销博物馆的最佳地点。在博物馆中，我们一直在策划那些振奋人心的案例。这些案例涉及营销人员、公司以及拥抱人文精神的营销活动，采用了现代化的多屏幕进行展示。近几年我们又用增强现实（AR）和虚拟现实（VR）等先进技术对博物馆进行了升级。

《营销革命3.0》出版以来世界已经发生了翻天覆地的变化，尤其是科技上出现了巨大的革新。我们今天应用的技术算不上最新的，但它们在近些年完成了跨界的融合，而这种融合也大大影响了全世界的营销活动。共享经济、即时经济、全渠道整合、内容营销、社会化CRM等新的概念层出不穷。

我们认为这种技术的融合最终会促成数字营销和传统营销的融合。在高科技的时代，人们期待着高度的接触；我们越社交，就越想要量身定制的内容。有了大数据的支持，产品会更加个性化，服务会更加定制化，在数字经济中，关键在于利用这些悖论。

在数字经济的转型期，我们需要一种新的营销策略，因此我们引入了营销3.0发展的自然结果——营销4.0的概念。本书的大前提在于，营销应该适应数字经济中消费者/客户的路径变化。营销人员的职责是引导客户完成从了解品牌到最终实现品牌拥护的全过程。

本书的第一部分基于我们对当今世界的研究。首先，我们要适应改变世界的三种权力的转移，进而探索连接性对人类生活的改变。其次，我们还深入地研究了年轻人、女性和网民代表的数字亚文化群，因为他们将是未来的主要客户群体。

第二部分是本书的核心部分，主要探讨了营销人员如何通过分析数字时代的客户路径改善生产力，包括一系列新的营销指标和营销实践的新方式。此外，我们还走进了几个关键行业，尝试将营销4.0的思维应用于这些领域。

第三部分对营销4.0的策略进行了详尽的分析。首先是以人为本的营销，旨在打造有人文关怀的人性化品牌。其次，详细论述了内容营销对创建客户对话的作用。再次，我们还列举了为改善销售状况可以采取的全渠道营销方法。最后，我们探索了数字时代客户参与的概念。

面对客户购买过程中方方面面的需求，本书提供了具有深度和广度的以人为本的营销升级版方案。我们希望读者能从本书中获得启示和灵感，在未来与我们一起重新定义市场营销。

MARKETING 4.0
关于作者

  菲利普·科特勒，美国西北大学凯洛格管理学院国际市场学 S. C. 约翰逊荣誉教授，被誉为"现代营销学之父"。他被《华尔街日报》誉为"六位最有影响力的商业思想家"之一，所获奖项和荣誉众多，蜚声国际。他获得芝加哥大学经济学硕士和麻省理工学院（MIT）经济学博士学位。其著作被翻译成 25 种语言，他还经常受邀参加国际论坛，国际影响力深远。

  陈就学，MarkPlus 营销公司创始人兼 CEO，获评英国特许营销协会"奠定未来营销业的 50 位哲人"。于内布拉斯加大学林肯分校获泛太平洋商业协会颁发的杰出全球领袖奖。现任亚洲小企业理事会主席，该组织是国际小企业理事会的亚洲分支，同时他还是亚洲市场营销联盟的联合创始人之一。

伊万·塞蒂亚万，MarkPlus 营销公司首席运营官，主要负责企业定制营销战略。他擅长写作与演讲，同时是 *Marketeers* 杂志的首席编辑，获西北大学凯洛格管理学院的工商管理学硕士学位和印度尼西亚大学工程学硕士学位。

MARKETING 4.0
关于译者

王赛博士（Dr. Sam Wang），师从"现代营销学之父"菲利普·科特勒（Philip Kotler），科特勒咨询集团（KMG）中国区及新加坡区域管理合伙人。增长五线理论创立者。

业界知名 CEO 咨询顾问。19 年来作为顾问服务了中国大量知名企业家，为千亿级企业集团与创新型公司提供深度的市场战略决策服务，包括但不限于华润、中粮、OPPO、小红书、百度、海尔、小米、中梁集团、中航国际、三一集团、宝钢、招商局集团等。

代表著作《增长五线》(2019)、《增长结构》(2021)。其他著作包括《数字时代的营销战略》(2017)、《首席增长官》(2017)、*Marketing Strategy in the Digital Age*(2020)、《什么是营销》(2020)、《品牌双螺旋》(2024)、《客户资本》(2024)、《增长革命》(2025)。

毕业于巴黎第九大学（PSL），并曾在哈佛商学院进修。担任《哈佛商业评论》特约撰稿人、福布斯品牌评审委员会顾问，执教于长江商学院、清华大学、中国人民大学、厦门大学和澳大利亚国立大学，在长江商学院教授决策者/CEO/EMBA 课程。他还是一位足迹遍布七大洲 60 多个国家的旅行者。

MARKETING 4.0 目录

献　词

赞　誉

致　谢

再版译者序　营销 4.0：新兴超级流量平台的数字营销底牌

译者序　营销 4.0：数字化转型的第一战略

序　言　从营销 3.0 到营销 4.0

关于作者

关于译者

第一部分　营销发展的基本趋势

第 1 章　向客户群的权力转移　/2

从独享到包容　/4

从垂直到水平　/8

从个体化到社会化　/10

总结：水平、包容和社会化　/12

第 2 章　面向互联客户营销的悖论　/ 13

　　解开连接性之谜　/ 14

　　总结：营销与悖论　/ 23

第 3 章　有影响力的数字亚文化群　/ 24

　　年轻人：思想份额的增长　/ 26

　　女性：市场份额的增长　/ 29

　　网民：心灵份额的增长　/ 31

　　总结：年轻人、女性、网民　/ 34

第 4 章　数字经济的营销 4.0　/ 36

　　从传统营销向数字营销转变　/ 38

　　整合传统营销和数字营销　/ 44

　　总结：重新定义数字经济的市场营销　/ 45

第二部分　数字经济中营销的新框架

第 5 章　新的客户购买路径　/ 48

　　理解人们如何购物：从 4A 到 5A　/ 49

　　从了解到拥护：O 区域　/ 56

　　总结：了解、吸引、问询、行动、拥护　/ 60

第 6 章　营销生产力指标　/ 61

　　介绍 PAR 和 BAR　/ 62

分解 PAR 和 BAR　/ 64

增加营销生产力　/ 69

总结：PAR 和 BAR　/ 79

第 7 章　行业原型和最佳的营销手段　/ 80

四大行业原型　/ 81

四种模式的最佳营销手段　/ 88

总结：学习不同的行业　/ 91

第三部分　策略营销在数字经济中的应用

第 8 章　以人为本的营销，提高品牌吸引力　/ 94

用数字人类学视角理解人类　/ 95

打造以人为本的品牌的六种属性　/ 99

总结：当品牌有了人性　/ 103

第 9 章　品牌内容营销，引发客户好奇心　/ 105

内容是最新的广告，# 标签是最新的标语　/ 105

按部就班的内容营销　/ 109

总结：用内容开展对话　/ 118

第 10 章　全渠道营销，实现品牌承诺　/ 120

全渠道营销的兴起　/ 120

按部就班的全渠道营销　/ 126

总结：整合最佳的线上和线下渠道　/ 130

第 11 章　互动营销，赢得品牌亲和力　/ 131

改善手机 APP 客户体验　/ 132
提供社会化 CRM 方案　/ 135
用游戏化实现目的　/ 139
总结：手机 APP、社会化 CRM 和游戏化　/ 144

结语　准备好 WOW 惊叹吧　/ 146

WOW 是什么　/ 146
享受、体验、参与：WOW　/ 147
你准备好了吗　/ 148

附录　营销 4.0：从传统到数字，营销的"变"与"不变"　/ 149

未来的营销：走向营销 4.0　/ 149
传统的营销：已被"终结"了吗　/ 153
营销者：误区与挑战　/ 156

术语表　/ 160

MARKETING 4.0

PART 1
第一部分

营销发展的基本趋势

MARKETING
4.0

第1章

向客户群的权力转移

从垂直、独享、个体化到水平、包容、社会化

查理·弗罗斯特是一位阴谋论者,他坚信2012年将会迎来人类文明的末日。而在2009年,一群地质学家的发现表明查理的看法存在一定可能性,他们发现地核将随时爆炸,带来毁灭性的灾难。因此世界领袖聚首并决定建造一艘"诺亚方舟"一样的巨轮,拯救一部分精英,希望他们能延续并再创人类文明。

该故事取材于电影《2012》,尽管纯属虚构,但电影中的许多场景正发生在世界上的每个角落。电影展示了政治、经济、社会文化和宗教这些传统的文明标准被一一击碎,被全新的、更为平等、包容的社会准则代替的过程;呈现了西方列强不得不放下分歧,携手面临挑战,甚至依赖中国建造巨轮的情景。这艘末日巨轮也象征着新世界的到来,在这个世界中人们将不再

受地理和人群限制，与彼此紧密地联系在一起。

今天的世界与过去截然不同，我们所熟悉的权力结构正在发生翻天覆地的变化。因特网在为人类生活带来连接和透明度的同时，也极大地促进了这种权力的转移。

我们见证了包容理念将专制强国赶下神坛的过程：由传统专制强国构成的7国集团（G7）无法依靠自身解决金融危机，只能引入中国、印度、印度尼西亚等国组成20国集团（G20）寻求帮助。经济话语权变得更为分散，大企业发现闭门造车无法带来创新，所以微软和亚马逊等企业会选择收购Skype、美捷步（Zappos）等创新能力较强的小企业。比尔·盖茨和马克·扎克伯格这样的亿万富翁也意识到经济包容性的重要性，分别通过比尔及梅琳达·盖茨基金会和"启动：教育"组织（"陈–扎克伯格倡议"的一部分）捐赠并帮助穷人。

我们同样见证了垂直的权力结构被平权理念稀释的过程。举例来说，"脸书（Facebook）合众国"已经成为拥有16.5亿人口的第一"大国"。过去人们会到美国有线电视新闻网（CNN）这样的电视频道了解即时新闻，而现在打开推特（Twitter，现名为X），就有无数的"公民记者"带来的新鲜报道。同样，YouTube也迅速取代了好莱坞过去的地位，《综艺》（*Variety*）杂志的一项调查显示，相比于好莱坞明星，13～18岁的人群对YouTube名人更耳熟能详。娱乐巨头索尼与YouTube的联手更表明了平行内容无法被垂直内容阻碍。

权力的转移也影响了人们。如今的权力不再只属于个人，更属于社会群体。独裁政府被无名的人民群众碾过；华尔街金融家的地位被"占领华尔街"运动撼动；抵抗埃博拉病毒的斗士代替美国总统贝拉克·奥巴马和印度总理纳伦德拉·莫迪，被选为2014年《时代》杂志年度人物。

这些变化深远地影响着当今世界，使水平、包容、社会的力量战胜垂直、独享、个人的力量，从而让客户社群变得愈加重要。用户不再惧怕大公司和大品牌，他们敢于发声，愿意分享与品牌有关的种种故事。

如今，有关品牌的闲谈远比精准的广告宣传更为可信。社交圈子接过了外部营销传播和个人喜好的"火炬"，成为影响力的主要来源。用户在选择品牌时倾向于参考朋友的经验，他们好像在建起一座社交圈子筑成的堡垒，免受虚假品牌宣传和营销手段的欺骗。

从独享到包容

把独享当作目标的日子已经一去不复返了，包容才是商品游戏的新主题。宏观上看，世界从寡头霸权向多极分立演变，使得欧盟和美国等超级势力意识到，有部分经济话语权正在流向世界各地，尤其是近些年发展迅猛的亚洲地区。诚然西方强权仍然举足轻重，但权力的天平正在逐渐向其他国家倾斜。经济权力不再集中在少数人手中，而是分布得更均衡。

这种经济转移通常是由于新兴市场人口特征的变化，呈现出更年轻、更高产、更高收入的特征。这种变化会催生巨大的产品和服务需求，进而促进经济增长。但近期数据表明，人口特征变化可能不是唯一的原因。

新兴市场在创新方面也正在迈向正轨：由罗伯特·利坦收集的数据表明美国的创新力正在衰弱。2017年，新兴企业只占全美企业总数的8%；在30多年前，这一数字接近15%。在利坦收集的数据中，破产企业的数量超过了新兴的企业。

而亚洲的步调恰恰相反：据经济合作与发展组织（OECD）称，到2019年，中国在创新领域的相关开支将超过欧盟和美国；2012年韩国成为世界上创新力度最大的国家，其研发经费占GDP的4%。

随着经济话语权的减少，西方世界的政治影响力也在衰退。过去影响力显著的军事实力正逐步被经济援助和外交手段等"软手腕"代替。

而商业本身也在向包容方向发展。随着技术的发展，出现了自动化和微型化，降低了产品成本，使企业能服务于新兴市场。各行业的破坏性创新为过去被视为"没有市场"的穷人们带来了廉价、简便的商品。过去被视为特权的产品服务如今在世界市场中随处可见，比如说仅售2 000美元的塔塔（Tata）Nano车和由亚拉文（Aravind）眼科医疗系统提供的仅需16美元的白内障手术。

反过来也一样行得通，新的产品可以通过反向创新获得发展并首先进入新兴市场，接着再销往世界各地。开发产品时，节约降低成本的理念已成为产品差异化的新源泉。通用电气公司的 Mac 400 就是一个众所周知的例子，作为一款使用电池的可移动心电图机器，它的设计目的是服务于印度的农村人口。而在其他市场，它的核心卖点就是便携。

互联网带来的透明性使得新兴国家的创业者从发达国家的创业者那里获取经验和灵感，并通过本地化执行打造有区别的克隆产业。比如受亚马逊启发的印度的 Flipkart，受 Groupon 启发的印度尼西亚的 Disdus，受优步启发的马来西亚的 Grab。这些国家的用户无须等待美国企业跨洋扎营，就能享受到相似的服务。

行业之间的城墙正在瓦解，跨行业或多行业合作方兴未艾，各行各业既可以选择彼此竞争，也可以群策群力。多数情况下，它们都选择了合作。

许多医疗中心正在同旅游机构合作，以达到医疗卫生和度假产业的利润最大化。2013 年约有 1 100 万名英国跨国行患者进行了医疗旅游。在哥斯达黎加做牙科手术，在马来西亚做心脏手术，在巴西做整容手术，都是当下流行的医疗之旅选择。

在预付移动电话使用度较高的一些新兴市场中，电信部门同金融服务机构展开合作，为服务和商品提供支付渠道。这一合作有个著名的例子,即来自肯尼亚的M-Pesa,一家移动支付服务商。

在特定的行业中,行业的分支也越来越紧密交织。在金融服务领域,用以区分储蓄、理财、保险、基金管理和其他分支业务的界限将会消失,这就要求金融机构必须找到新的区分方式。行业的垂直整合会创造从原料供应到生产和分配的过程中扮演多重身份的企业,大大增加区分企业活跃环节的难度。

从微观角度看,人类也在接受社会包容,社会包容不是相似,而是和而不同。在网络中,社交媒体重新定义了人们交互的方式,让人们不再受地理和人群的限制而建立社交关系。社交媒体的影响不只如此,它更大大促进了全球范围的创新合作。我们可以把维基百科看作众志堆成的长城,把InnoCentive看作研发挑战的广播台和求助站。事实上,所有依靠群众智慧的社交媒体都是社会包容性的最好佐证。社交媒体促进社会包容,让人们对社群产生归属感。

社会包容不仅发生在网络中,也体现在现实世界里。"包容城市"秉持着广纳各种市民的概念,常被视为可持续城市的范例。与社交媒体的理念相同,包容城市的理念强调的是城市欢迎常被忽视的少数群体,并且接纳他们,这对城市建设大有裨益。社会包容可以体现在贸易公平、就业公平和女性平权方面。这些内容能使人类跨越性别、种族和经济状况的界限。如美体小铺(The Body Shop)等品牌通过传达"支持社区交易"的理念和开发"停止家庭暴力"这样的项目,践行了对社会包容的理念。

从垂直到水平

全球化搭建了公平竞争的绿茵场,企业的竞争力将不再取决于企业规模、所在国家和历史优势。小型、新兴的本土企业有机会和大型、老牌的国际企业角力。最后,没有企业能绝对压倒对方,相反,如果企业能同用户社群和合作伙伴共同创造价值,同竞争对手建立合作竞争关系,就能具有更大的竞争力。

过去从企业到市场的垂直化创新流如今变得更为水平化。在过去,企业相信内部才能产生创新,因而着力打造强大的研发基础设施。直到后来它们才意识到内部创新带来的变化远不能让它们跟上日新月异的市场。举例来说,宝洁早在2000年新产品销量放缓时就明白了这一道理,并随后将其研发模式转变成为联发(联合发展)模式。这种横向的模式依赖于外部资源提供创意,反过来,用宝洁内部的力量将这些创意进行商业化。它的对手联合利华也通过其庞大的外部创新生态系统,走上了与宝洁一样的道路。在今天,创新是横向水平的,由市场提供创意,企业将创意商业化。

同时,竞争的理念也从垂直变为水平,这其中技术是主要因素。克里斯·安德森的"长尾理论"在今天再准确不过了。市场偏好从高流量的主流品牌，向低流量但可以盈利的品牌转移。得益于互联网，小企业和品牌在实际操作时将不再受限于物流方面的难题。

如今，这种包容性使得企业能够进入过去无法涉足的行业，这为企业发展带来了诸多机遇，但也带来了显著的竞争危机。由于行业间的界限正逐渐模糊，企业想要跟上同行的步伐就必须面对挑战。未来的竞争者来自行业内部，也来自其他相关的行业。几年前，出租车公司和连锁酒店可能很难想象，它们不得不与提供私人专车服务的优步和提供寄宿服务的爱彼迎（Airbnb）这样的技术创业公司竞争乘客和租客。想要定位潜在的对手，企业应从用户的目标出发，并考虑到用户达成目标可以选择的替代商品。

企业也应该关注本国市场外的竞争对手，而这些对手往往不再只是跨国公司，近些年我们见证了许多像小米和OPPO这样的、来自新兴市场的企业的崛起，这些企业依靠创新在本国市场的竞争中脱颖而出。它们通过线上营销的方式，实现了用更低的价格提供与主流产品质量相仿的产品的目标。这些企业高度创新，适应能力较强，具备了进军国际市场的各种要素。

用户信赖度的概念也从垂直变为了水平。过去的用户容易受到市场营销活动的影响，也愿意听取专家和内行的意见。但近些年对于各行各业的调查表明，相比于营销传播，大部分用户更愿意相信"F因素"，即家人、朋友、粉丝、关注者。很多人在社交媒体上向陌生人求助，并采纳获得的建议，而较少依赖广告宣传和专家意见。近些年，这种趋势促进了猫途鹰（TripAdvisor）和 Yelp 等公共评价体系的蓬勃发展。

在这种背景下，品牌不应再只把客户视为目标群体。过去企业常常通过广告或娱乐媒体频道宣传自己的产品，有的企业甚至塑造了不那么真实的差异化来让自己脱颖而出，美化品牌形象。这使得品牌被视为外部包装，其真实价值被虚假地放大。这条路已经走不通了，有了社群的帮忙，客户可以提防盯着他们钱包的劣质品牌。

品牌与客户间的关系也应该变得更为水平化而非垂直化。客户应该被视为品牌的同行和朋友，品牌应该展示真实的品牌内核和品牌价值，只有这样才能赢得用户的信赖。

从个体化到社会化

客户在选购商品时，主要会根据个人喜好和社会从众心理，两种因素的权重因人而异，也因行业和商品类型而异。

今天的世界有着很高的连接性，这使得社会从众心理的权重逐渐增加。客户越来越重视他人的意见，分享意见并整合彼此的意见。客户共同描绘了企业和品牌的形象，且这种形象往往与企业和品牌想要展示的形象大相径庭。互联网，尤其是社交媒体，提供了这种选择改变所需的平台和工具。

这种趋势还将继续，事实上地球上的人们很快就会实现真正的互联互通，而帮助网络落后群体的工具是廉价的智能手机而非廉价的平板电脑。据通用移动通信系统（UMTS）论坛估算，2010～2020年移动数据流量将增加33倍。有了这样的连接性，市场行为将焕然一新。举例来说，在许多国家使用智能手机比较价格和查看评价的店内搜索功能方兴未艾，移动互联使得用户可以群策群力，更好地选购商品。

在这种环境下，用户更愿意听取社会意见，事实上，多数的个人选购决定将必然是社会性的。用户彼此交流品牌和企业选择心得，从营销传播的角度看，用户不再是被动的目标而是传播产品信息的活跃媒体。作为美妆产品的知名品牌，丝芙兰积极探索将社群整合入其媒体的方式，它建立社交媒体社群，把用户社群内容整合进 Beauty Talk 平台。如今这个平台已成为用户咨询他人意见、采纳社群智慧的备受信赖的媒介。

迎接潮流并不容易。企业过去对营销传播有着主导权，能单独处理用户的意见，而有了社群生产的内容，企业就失去了对话的主导权，限制内容则会削弱可信度。企业必须时刻准备迎接出现问题时社会上的各种抵制的声音。

话虽如此，信誉良好、宣传真实的企业和品牌大可不必过分担心，但依靠虚假宣传且产品质量低劣的企业和品牌必然会消失，在一个透明的数字化世界中，想要掩盖污点、孤立用户投诉是绝不可能的。

总结：水平、包容和社会化

市场营销人员应该顺应企业模式向更加水平、包容和社会化转变。市场的包容性越来越强，社交媒体打破了地理和人群的界限，使人们互联互通，使企业合作创新。用户的选择越来越水平化，他们对待来自品牌的营销传播的态度愈加谨慎，更多地依赖"F因素"（家人、朋友、粉丝、关注者）。最后，用户的选购过程比过去更加社群化，在选购时他们更为关注社交圈子提供的意见，从线上和线下两种渠道综合他人的建议和评价。

反思和问题

- 在商业模式向更加水平、包容、社会化转变的过程中，你所在的行业具体的趋势是怎样的？
- 你将如何适应这些市场变化？

MARKETING
4.0
第 2 章

面向互联客户营销的悖论

线上交互 vs 线下交互
见多识广的客户 vs 应接不暇的客户
提示式拥护 vs 自发性拥护

我们一直深信营销这个词应该在市场的基础上才能进行，这种英文中的写法（market-ing）也提醒着我们，营销就是与瞬息万变的市场角力，以及我们只有了解了近些年市场的变化，才能更好地了解顶尖的营销策略。

线索与趋势就摆在我们面前：拥有强大流动性和连接性的年轻的城市中产，作为用户和客户群体的生力军正在迅速壮大，并将在不远的将来成为主流。在成熟市场面对客户老龄化的问题时，新兴市场却享受着多产多金的年轻人带来的红利。这些人不仅年轻，而且正在向城市地区迅速迁移，迎接城市生活。

他们多为中产或者中产以上，有着可观的可支配收入。社会经济地位提升后，年轻人都希望实现更宏伟的目标，体验更好的事物，效仿上层人士的行为，这些特点都使得他们成为营销者眼中的"肥肉"。

但是真正使这种新的用户区别于以往其他市场用户的，是他们极大的流动性。他们到处旅行，工作日通勤，生活节奏也很快，对他们来说，一切都该是即时的且省时的。在电视上看到喜欢的东西，他们会用移动设备搜索出来；想要在门店买点什么，他们会在网上比较价格和质量。作为数字时代的原住民，他们能在任何时间和地点，用一系列不同设备，做出各种各样的购买决定。尽管他们是网络通，但喜欢亲身体验事物。在与品牌接触时，他们倾向于高接触度、个性化的交流；他们也有很强的社会性，彼此交流，相互信赖。实际上，相比于企业和品牌，他们更相信自己的家人和朋友。简而言之，他们是高度连接的。

解开连接性之谜

连接性可以说是营销历史中最重要的一个制胜法宝了。诚然，我们不能再将它视作一个热词了，但它确实改变了营销的方方面面，且丝毫没有减弱的迹象。

这种连接性让我们开始质疑许多主流理论和设想中有关用

户、产品、品牌管理的观点。连接性大大减少了企业、员工、渠道伙伴、用户等参与者彼此交互的成本,并进而降低了进入新市场的门槛,使产品协同发展,缩短品牌塑造周期。

连接性迅速影响了那些高门槛的老牌行业的例子屡见不鲜。亚马逊相继扰乱了实体书店和印刷产业的秩序。同样,奈飞（Netflix）也夺走了实体影像租赁店的市场,并与美国视频网站 Hulu 一起,动摇了卫星电视和有线电视的地位。还有 Spotify 和苹果音乐都改变了音乐销售的规则。

连接性也改变了我们看待竞争和客户的方式。在今天,与竞争者合作,以及与客户共创辉煌成为核心。竞争不再是零和博弈,客户也不再只是企业市场划分、确定和定位过程中的被动接受者。连接性加速了市场动态的进化,使企业最终无法依靠自身资源孤军奋战,而必须面对一个现实,即想要取胜,就必须多方联合,甚至让客户参与进来。

宝洁"联系 + 发展"战略所取得的成功证明了这一点。宝洁并没有将纺必适（Febreze）的品牌资产作为自己的竞争优势保护起来,而是将商标授权给了新的产品类别。像 Kaz 和必胜（Bissell）这样的合作伙伴公司推出了带有纺必适品牌的霍尼韦尔香氛风扇和去除异味的真空袋过滤器。

尽管连接性有着如此重要的影响,它却总被营销人员低估,仅仅被看作一种技术的应用,而这种片面的观点往往会误导他们。在战略布局时,许多营销人员仅仅将连接性视为支撑全局的平台和基础，只有更为全面地看待连接性才能避免陷入这种陷阱。尽管连接性的确被技术——"屏幕技术和互联网"所主导，但其战略意义远远不止于此。

谷歌近期的一项调查显示，人们与媒体 90% 的交互现在是透过各种屏幕进行的，包括智能手机、平板、笔记本电脑、电视的屏幕。我们每天花费在各种屏幕前的娱乐时间超过四个小时，其重要性不言而喻。而在以屏幕为基础的交互活动中，互联网一直是中枢支柱。从 2000 年到 2014 年全球网络流量增加了 30 倍，使全世界 40% 的人口有网可上。据思科（Cisco）公司预测，到 2019 年，全球网络流量会再涨十倍，互相连接的移动设备会超过 110 亿台。

这种高度的连接性使得客户的行为发生了变化，大多数客户在实体店购物时，会选择在网上比价和了解产品。谷歌的研究表明，美国 80% 的智能手机用户在店内购物时做了产品搜索。在印度尼西亚，就算是在看电视时，也会有一半以上的观众用手机搜索商品信息。这种趋势正在席卷全球。

互联网的衍生产品使得商品变得更为透明化，推特和 Instagram 等社交媒体让客户可以分享体验，进而刺激相同或更低消费水平的人模仿或追求类似的体验。猫途鹰和 Yelp 这样的社群评分网站让客户能参照他人意见，有选择地购物。

因此，要完全拥抱连接性，我们必须全面整体地看待它。尽管通过移动设备实现的移动互联很重要，这种互联往往还停留在很初级的状态,这时的互联网还只是交互的基础设施。下一层次是实验性互联,这时互联网将变成客户和品牌之间用于提高客户体验的触点。这一阶段我们将无须再关注连接性的广度而应关注它的深度。最终层次是社会互联,它代表着客户群的高度互联。

由于互联性与青年人的联系紧密,它常常被视作为年轻用户量身定制的内容。因此许多营销人员所做的"连接营销"并没有考虑它是否适合整体营销计划,而只是单一的青年战略。诚然,身为数字原生代,年轻一代是最先接触这种连接时代的人群,但他们也能鼓励年长的人适应这种连接性。此外,随着世界人口年龄的自然增长,数字原生代将很快成为主力,连接性也终将成为常态。

连接性的重要性终将超过技术和人口力量,因为它改变的是营销的根本——市场本身。

悖论 1:线上交互 vs 线下交互

连接性给线上和线下业务带来一定的影响。尽管近些年线上业务在市场上占尽了先机,但我们不认为它会就此完全取代线下业务,也不相信线上市场的热潮会最终取代线下市场的传承。实际上,我们相信两者只有共存,才会带来最佳的客户体验。

这是因为在高科技迅速发展的世界中,高接触服务正成为新的区别点。Birchbox 是一家以线上销售为主的美妆零售商,如今它也选择开拓实体店,完善品牌业务范围。效仿其线上定制化的产品推荐功能,Birchbox 的实体店中也提供 iPad 为客户定制服务。Zappos 是一家线上鞋服零售商,其成功的秘诀之一就是私人化的客服中心。线上买鞋对很多人来说可能很难,但客服热线的私人化咨询能大大减轻决策的负担。美国银行的快速服务中心也是一个例子,当用户通过这些中心的 ATM 机进行交易时,会有专门的出纳人员通过视频聊天协助用户。这种服务结合了 ATM 机的便捷性和接触服务的个性化。即使是亚马逊这样的巨头也推出了 Dash 一键购买设备,让用户只须轻轻一按门铃大小的按钮,就能补充咖啡和洗涤剂等日常家居用品,这是亚马逊早期的"物联网"尝试,它试图将咖啡机和洗衣机等线下设备连接起来。

高科技的界面也能进一步巩固高接触服务的地位,使其更具说服力。梅西百货的购物灯(ShopBeacon)设备就是一个例子,通过将苹果的信标(iBeacon)安装在梅西百货的各个位置,客户能在商场购物时了解到什么商品适合自己。路过某一地点时,客户将在自己的苹果手机上通过 APP 接收购物清单、打折信息、礼品推荐等提醒和推送。随着交易记录的累积,用户收到的推送信息将变得更加定制化。还有一个例子是约翰-路易斯百货的沙发工坊,它为客户提供缩小版的 3D 沙发模型,使客户通过在屏幕前选择沙发模型和布料的组合,就能预览沙发的最终形态。这种服务为挑选沙发款式和布料的用户提供了一种趣味十足的体验。

事实上，线上和线下的世界最后将共存并联合。技术的手触及了网络空间，也伸入了线下的现实世界，为实现线上和线下的最终整合提供了可能。近场通讯（NFC）和基于定位的信标等传感器技术，提供了更有价值的客户信息。大数据分析所提供的个性化服务，可以用于吸引新客户。这些为互联网兴起之前的传统接触方式提供了补充。

传统媒体与现代媒体，如电视和社交媒体，在营销传播方面将互为补充。许多人会在推特上了解重大新闻，但也会打开电视调到 CNN 频道，听听更真实深入的报道。同样，看电视往往会引发人们拿起手机上网：比如说人们往往是在电视上看了一部电影，才会在网上搜索资源再看一遍，同样电视广告也能促使人们在网上购物。

新用户的角色使我们意识到，未来的营销关键是在客户那里打造无缝衔接的线上和线下体验。品牌初期打开市场、扩大知名度的方法有：基于数据调查的营销传播、用户经验分享、亲友推荐等线上和线下的手段。用户则通过产品搜索和其他用户的反馈在线上和线下跟进品牌动态，当他们想要购买时，就可以同时享受到人机和人人交互的服务。购买过的客户又会向其他没有购买过的客户推荐。整个过程都有记录，从而推进分析引擎的完善。

在高度互通互联的当今世界，品牌和企业面对的关键挑战之一，是如何将线上和线下资源有机整合，给客户带来良好的客户体验。

悖论2：见多识广的客户 vs 应接不暇的客户

我们都认为在当今市场，客户站在权力金字塔的顶端。可以说，大多数客户对品牌信息的检索都十分频繁，其购物选择都有一定的根据。但即使他们有着很高的购物热情和信息储备，也仍然无法独自决定他们所想购买的产品。

在选购时，客户必定受到三个因素的影响：第一个就是通过电视广告、广告传单、公共关系等媒介进行的营销传播；第二个是家人和朋友的意见；第三个是基于过去的品牌体验形成的个人态度和想法。

事实上，当今世界的客户十分依赖他人的意见，许多时候，他人的意见远比个人喜好和营销传播重要得多，其原因正是连接性的存在。

连接性为客户带来保护和信心，因为在他们看来，他们的家人和朋友能使他们远离较差的品牌和企业。但这种连接性遇上各媒介让人应接不暇的信息之后，客户也会分心，无法关注自身需求，产生选择困难。因此，许多客户决定依赖群众智慧做决定。再加上客户对广告的信任度不高，可以用来比质量、比价格的时间有限，这种想法就更加坚定了。另外，咨询他人的便利性更是增加了他人意见在决策时的权重。

未来客户的特征就是如此，相互联系却难以集中注意力。美国国家生物技术信息中心的研究表明，人类的平均专注时间从 2000 年的 12 秒降至 2013 年的 8 秒，这很大程度上是由于通过移动互联设备不断推送的海量信息分散了我们的即时注意力。

未来的营销者要面对两方面的挑战。第一，他们必须赢得客户的关注。不论是只有 30 秒做广告的品牌创意人员还是只有 30 秒进行电梯演讲的销售，想要让客户不换台、听进去都十分困难，而且将来会更难。客户注意力往往不够用，这时只有那些有惊叹（WOW！）因素的品牌才值得他们关注和支持。第二，营销人员需要在客户社群中构建对话，尽管他们并不能控制对话的成效。营销需要保证的是，当有人问起一个品牌怎么样时，会有忠实的拥护者为这个品牌说好话。

悖论 3：提示式拥护 vs 自发性拥护

高度的连接性使得客户表达的意见可以被其他客户听到，同时也改变了后者的思维方式，让他们意识到陌生人的建议可能比品牌的明星代言更可靠。因此，连接性为客户拥护品牌创造了良好的环境。

"拥护"在营销中早已不算一个新概念了，它又被称为"口碑"，在过去的一个世纪里成为"客户忠诚度"的代名词。忠于某一品牌的客户愿意为该品牌宣传背书并把它推荐给亲友。

衡量品牌拥护程度最著名的方法之一就是弗雷德里克·赖

克哈尔德（Frederick Reichheld）所创立的净推荐值，他认为根据客户对品牌的态度，可以把客户分成三类：推荐品牌的"推荐者"，态度中立的"被动者"，不会推荐品牌的"批评者"。净推荐值等于推荐者的比重减去批评者的比重，这一方法的关键是负面口碑的消极影响会削弱正面口碑的积极影响。

尽管这种方法在衡量品牌忠诚度时十分有效，但其单一地做减法可能会遗漏一些重要因素。坚持品牌理念，持续追求品牌目标，就必定会导致客户两极化，有的人喜欢有的人讨厌。但从连接性的角度来看，负面口碑也许不见得是坏事。事实上，有时候品牌需要负面口碑才能激发粉丝群体的正面拥护。很多例子都表明，如果没有人说品牌的坏话，那些粉丝可能会一直沉默下去。

品牌拥护既可以像品牌知名度一样是自发性的，也可以是被提示的。自发的品牌拥护指客户在没有得到提示和问询，积极主动地推荐特定品牌的过程，而现实中这种情况很稀少，能做到的往往是忠实的核心粉丝。另一种拥护就是提示式拥护，是由他人触发的推荐。尽管这种情况很常见，但不活跃。当一个品牌有着很强的提示式拥护时，它需要客户问询和负面口碑的诱发才能激活。

诚然，我们必须处理好拥护者和批评者之间的平衡。但对大的品牌来说，拥护者不一定要比批评者多很多。舆观品牌指数展示了一个有趣的现象：麦当劳有33%的拥护者和29%的批评者，数量基本持平，星巴克的差距也不大，分别是30%和23%。按照净推荐值的数据来看，这两大餐饮界的巨头得分都不高。换个角度看，有了批评的"恶人"群体，拥护者才会站出来维护麦当劳和星巴克。品牌没有了自发性拥护和提示式拥护任何一方都会显得无聊且缺乏参与性。

任何特色鲜明、基因独特的品牌都可能会不受某些人群的欢迎，但这些品牌应该关注的是它们最终的销售对象：一支愿意与批评者争论的粉丝大军。

总结：营销与悖论

不断变化的市场环境为营销人员带来了一系列的悖论，其中之一是线上交互与线下交互的悖论。两者共存互补，共同服务于改善客户体验的目标。另一个悖论在于客户信息的丰富和注意力的分散之间的矛盾。连接性带给客户丰富的产品信息，但也使他们更加依赖他人的意见，这些意见常常比个人喜好更重要。最后，连接性带来了使品牌赢得正面口碑和自发性拥护的巨大机遇，但也伴随负面的评价，而负面口碑往往激发了提示式拥护，这使得它的存在也不见得是坏事。

反思与问题

- 你所在的行业有哪些抓住客户矛盾点的案例？
- 你将如何迎接这些悖论的挑战？

MARKETING 4.0

第 3 章

有影响力的数字亚文化群

年轻人的思想份额
女性的市场份额
网民的心灵份额

谈到数字世界的品牌拥护，不是所有的客户都能感同身受。有的人买东西靠的是个人喜好和广告里的所见所闻，所以这种拥护特性对他们来说没什么用处。此外，他们也不向他人分享自己的经验。还有的人则更愿意咨询他人或者给出意见，所以他们更可能成为品牌的忠实拥护者。

企业想要获得更多的支持，就应该把赌注压在 YWN（年轻人、女性和网民）群体上，而有关这三个群体各自的许多问题都一直是研究和探索的热点。就规模而言，这三个群体都是有巨大盈利潜力的。因此，有关的营销手段都是为这几个特定群体量身打造的。但其实格局可以更大，因为这三个群体之间存在着一种联系：它们都是数字时代最具影响力的群体。

有个事实并不奇怪，那就是亚文化群体——像角色扮演者（cosplayer）、自学者、黑客这样的不同于主流文化准则和信仰的群体——主要源于YWN群体。在世界上的许多地方，他们被认为是少数和边缘人士。过去的权威和权力属于长者、男性和市民，因为这一群体的收入和购买力都相对更高。随着时间推移，YWN群体变得愈加重要且有影响力。事实上，YWN群体所代表的亚文化已经在影响主流文化了，这得益于他们更为广阔的社群、朋友和家庭网络。

举例来说，年轻人引领潮流，尤其是在流行文化领域中，音乐、电影、运动、美食、时尚、技术一样不落。年长的人往往没有时间和精力去领略瞬息万变的流行文化，而只能跟随潮流，依靠年轻人的推荐。年轻的客户往往最先尝试新产品，也因此是营销人员的第一批目标。年轻人要是能接受某种新产品，这产品就通常能在主流市场获得成功。

许多国家的家庭妇女就像是家里的财务部长一样，在添置商品、购买服务时，她们的话语权往往更大。这是因为大多数女性有着仔细调查、寻找最佳选择的耐心和兴趣，而大多数男人都觉得这是没用的，或者觉得麻烦。因此，女性是营销人员想要推销家用产品和服务时需要通过的第一道关卡。

网民，又称网络公民，也有着相当的影响力。作为数字原生代，他们与他人线上交流和分享信息都轻车熟路。就算他们分享的不见得都是有效信息，活动不见得都有产出，他们仍然是更聪明顾客的代表。他们对有关品牌的意见和情感畅所欲言，这通常是匿名进行的，并且他们把这视为无界边民主的一种模式。他们创造了评分、照片上传和其他内容，吸引其他用户群体的关注。

由于以上的这些特征，YWN群体很难对产品产生深刻的印象。但一旦被打动，他们就会成为品牌的忠实拥护者，而类似YWN群体这样的有质量的拥护者往往比一般群体意义更大，因为他们对主流市场的巨大影响力会为品牌带来巨大的利益。

年轻人：思想份额的增长

对营销人员来说，关注年轻用户很有必要。联合国人口基金（UNPFA）的一项调查显示，2014年10~24岁的年轻人口达到了18亿，创历史新高，而这一数字还将持续增长。有趣的是，他们中有近九成生活在发展中国家。他们面临各种各样的生活挑战，以实现他们在教育和事业上的全部潜力，同时还要处理和同龄人的社交关系。营销人员正在寻找并试图解决这些问题，以贴近年轻人的生活，打开他们逐渐鼓起来的钱包。

即使是那些起初定位不是年轻人市场的产品和服务，如今也盯上了这块"肥肉"。他们想要先入为主，在早期赢得他们的心，哪怕目前看来这种做法并不能带来利润。很快，今天的年轻人将变成明天的主力消费军。

此外，关注年轻人也是营销活动中最激动人心的内容。因为其手段通常都是炫酷的广告、新潮的数字技术、名人代言和其他创新的举措。年轻人充满活力，因此相比于其他群体，他们很少让营销者失望。由于年轻人的人口基数大，公司也愿意花大力气照顾这一市场的需求。

年轻人对其他市场的影响十分深远。首先，他们是最早吃螃蟹的人。年轻人总是被批评太过叛逆，喜欢打破常规，反长者之道而行。虽然的确有一部分年轻人是这样的，但大多数并非如此，他们只是不害怕尝试。他们所尝试的新产品和新设备都是长者觉得太过危险的。

而怀揣新开发产品的销售正需要这样的年轻人，优先开发年轻客户的战略往往最有可能成功。2001年iPod随身听刚进入市场时，它青年导向的营销特色使其迅速打入市场，最终在主流市场大获成功。无独有偶，奈飞在2010年推出流媒体服务时，第一批试用者就是年轻的技术发烧友。

其次，年轻人引领潮流。年轻人是追求一切即时性产品的"当今一代"。他们是潮流和趋势的引领者，他们的步伐太快，营销人员往往跟不上。但好处是，营销人员可以借此定位到未来将会影响市场的潮流。

这种群体的特性也意味着年轻人是"碎片化"的，其追随的潮流也是碎片化的。特定的运动、音乐、时尚趋势都能在年轻人群中拥有狂热的粉丝，但在其他群体中就很难如此。也许年轻人能共同追寻的，只有向数字化生活方式不断前进的步伐了。

尽管年轻人追寻的潮流多数是昙花一现，其碎片化的风尚也十分短暂，但有一些与时俱进的潮流却能留存到主流市场。贾斯汀·比伯就是一个最好的例子，他起初作为一名 YouTube 红人，有着数百万的年轻粉丝，并获得了不俗的人气。而脸书和推特这些社交媒体，起初也都是由年轻人带起的风潮。同样，Spotify、苹果音乐、JOOX 等流媒体音乐服务也是由年轻人带入了主流市场。

最后，年轻人是变革者。人们常常把他们和"不负责任""自私自利"联系在一起，但最近的事情却表明他们成熟得更早，因为他们对世界上的变化反应更快，比如全球化和技术革新。如今，他们密切地关注周围的事物，并已成为世界变革的主要推动者之一。

这一点可以从迅速增加的青年赋权运动中看出来，比如说在志愿者平台 RockCorps 上，年轻人可以用 4 小时的社区服务换取一场演唱会的门票。还有 WE.org 组织，邀请年轻人参与"WE Day"演唱会这样的改变世界的活动，购买具有市场影响力的"我到我们"（ME to WE）系列产品。印度尼西亚的 Mengajar 也提供了教育方面的青年赋权平台，严格选拔品学兼优的大学生，要求他们放弃高薪工作，去偏远乡村支教一年。

这些运动让志愿行动看起来很酷，更重要的是，它唤起了长者对于行动主义和社会影响的重要性的认识。

最早的试用者、弄潮儿和变革者，这三重身份都证明年轻人就是占领思想份额的"钥匙"。品牌想要影响主流客户的想法，就要先征服年轻人。

女性：市场份额的增长

女性市场也是营销人员关注的一大热点板块，不仅因为其巨大的规模，还因为其与男性截然不同的盈利点：约翰·格雷（John Gray）曾经用"男人来自火星，女人来自金星"描述两大群体的不同心理。

男性与女性之间的差异一直是心理学和市场学研究的热点。许多专家都提出了有关女性营销的观点，许多的产品、服务和市场营销手段都是为女性定制的。

女性对他人的影响取决于她们的行为状态。丽娜·巴托斯（Rena Bartos）在她的《面向世界女性的营销》（*Marketing to Women Around the World*）一书中这样描述女性市场："包括家庭主妇、待业主妇、从业女性、职场女性"。简而言之，女性世界围绕着家庭和工作两点，这使得她们经常要面临选择其一还是平衡两者的困境。但是女性擅长多任务的特点使得她们能够游刃有余地应付家庭或工作，甚至两者兼顾的多项任务。

总的来说，女性扮演了三种角色。首先，女性是信息的收集者，马莎·巴丽塔（Martha Barletta）认为女性的决策过程与男性不同，男性的购买心理十分简单粗暴，而女性的则是螺旋式的，她们常常在决策时返回上一步收集新信息，以确定自己是否做了最佳的选择。女性通常要在店内或者网上花费好几个小时比较多家店、多个产品，而男性的购买搜索次数有限，买东西的时候越快越好。

女性不仅更频繁地搜索信息，也更多地讨论品牌。她们从亲友处寻求意见，并愿意接受他人的帮助。男性只是想尽早结束，女性却想找到最佳的产品、服务、方案。

对营销人员来说，女性收集信息的特性能带来利润。因为这意味着所有的营销传播和客户游说不会是无用功。女性会注意所有的信息，并为他人也做出总结。

此外，女性还是有大局观的购物者。她们通过螺旋式的决策过程经历了更多的环节，也就考虑了更多的内容。她们更容易考虑包括功能性、情感收益、价格和喜好在内的各种因素，然后再评定产品和服务的价值。对于一些家居用品，女性考虑更多的是其对整个家庭的价值。

女性也会考虑更多品牌选择，这其中包括那些她们认为可能会更有价值的不出名的品牌。因此，女性在最后买下时会更有自信，也就更忠于选择，愿意分享给社区中的他人。

综合以上特点，女性实际上是家庭的管家，她们是家庭的财政部长、采购主管和资产主管的结合体。她们不仅是大多数家居用品和大件物品的进屋检验员，也是投资和理财产品的影响人。

2008 年皮尤（Pew）研究中心的一项报告显示，41% 的家庭是女性做主，而只有 26% 的家庭是男性做主（剩下的家庭通过民主方式分摊权力）。在印度尼西亚，这个差别则更为明显，根据 2015 年印度尼西亚研究机构 MarkPlus Insight 的调查，74% 的印度尼西亚家庭由女性管着家庭的钱包，包括配偶的收入，而只有 51% 的女性是在外工作的。

实际上，女性在家庭中的影响力也拓展到了职场。2013 年美国劳工统计局报道称，在美国，能够为雇主决定采购选择的雇员中，女性占到了 41%。

女性在家庭与工作中的影响力均在增长。女性作为信息收集者，家庭的采购主管和管家，其消费在数字经济中占有主要市场份额。品牌若想拓展自己的市场，需要首先过了女性这一关。

网民：心灵份额的增长

Netizen（网民）这个词是 20 世纪 90 年代早期由迈克尔·豪本（Michael Hauben）首创的，他称网民是一群有着地理隔离，但积极关注和努力发展互联网以壮大共同利益的人。

网民被认为是民主的市民,因为他们想要参与到互联网的发展过程中。他们看待世界的方式更为水平而非垂直。互联网内容出自网民,为他们所共享和服务,但他们信奉的是完全民主和减少管制,希望开放而没有界限地与他人分享。

据联合国估计,2017年,互联网用户有34亿人之多,占到了世界人口的45%。但他们不能都算作网民或者互联网公民,福雷斯特公司的社会技术分级方法能解释这一点。根据福雷斯特公司的分级方法,互联网用户是分级的,包括不活跃用户、旁观者(观看和阅读线上内容的人)、参与者(加入并访问社交媒体的人)、收集者[向网页添加标签并使用RSS(简单信息聚合)反馈的人]、评论者(上传评论和评分的人)和创造者(创造并发布线上内容的人)。收集者、评论者、创造者是网民的典型,他们代表着不只消费互联网,还会积极贡献于互联网发展的人群。

他们对他人的影响来自对互联互通和贡献的渴望。网民是社会润滑剂。我们知道他们愿意与他人联系,彼此交流,让信息流通起来。在匿名的机制下,他们所冒的风险更小,与他人交流和线上对话时就更自信。在网络中,他们的用户名和头像就是他们独特的身份。

互联网社交的方法众多,其中最流行的是社交网络服务和即时信息软件,比如脸书、WhatsApp、QQ、Tumblr、Instagram、领英(LinkedIn)等。这些平台上的关系通常始于两个互相认识、彼此信任的人，并由这一关系联系到两人各自的关系网，形成多对多的联系。从外部来看，线上社群看起来像是熟人的网络，但从内部看，更像是陌生人的网络。由于这种点对点基础上的多对多联系的特性，线上社群通常呈指数增长，它已成为最强大的一种社群。

网民还是有表现力的传播者。网络用户可以匿名地发表言辞激烈的、表现力强的意见，所产生的负面影响就是网络欺凌、网络巨魔和黑粉等的出现，但其积极的一面是品牌拥护者的激增。相比于意义更广泛的网络用户，网民更愿意做品牌的传播者。

我们都知道互联网世界的 F 要素：关注者、粉丝和朋友。网民一旦爱上一个品牌就会成为 F 要素。他们成为品牌的传播者和粉丝，与品牌的反对者对抗。虽然他们平时比较沉默，但是在需要的时候，他们会出来为品牌抵抗网络欺凌、网络巨魔和黑粉。

网民还是品牌信息在网络上的传递者。他们以消费者的角度呈现可信的品牌形象，其作用无法被广告替代。作为比普通网络用户知名度更高的网民，他们产生了巨大的影响力，往往拥有众多的关注者、粉丝和朋友。

网民还是内容贡献者，他们被称为网络公民是有原因的。好的市民为国家发展做贡献，而网民则为互联网的发展做贡献。网民的贡献能让其他网络用户的生活更便捷，通过添加标签让网上的信息井井有条，优质内容也更容易被搜到；通过为网站"投票"，网民能为其他人推荐优秀的网站；通过产品评分和线上搜索，其他网络用户可以很容易地找到最优的购物选择。

但网民最大的贡献要数其创造的新内容。这些内容有着多种格式：文章、白皮书、电子书、信息手册、图形艺术、游戏、视频乃至电影。独立作家撰写网页、博客和电子书；独立音乐人和导演则通过使用 YouTube 分享视频创造商业价值。

随着新内容每分每秒地产生，互联网变得越来越丰富和实用，进一步惠及网络用户，吸引其他人使用互联网。这些都增加了网民人数，提升了互联网价值。

在情感和互惠的基础上，网民社群呈指数增长，并成为拓展品牌心灵份额的关键。网民会是最好的口碑传声筒，一旦品牌获得了网民的认可，其口碑就会随着社交关系迅速传播。

总结：年轻人、女性、网民

有关年轻人、女性和网民的商业研究由来已久，但都是被视为单独的客户群体进行的。他们的集体力量，尤其是作为数字时代最有影响力的部分，尚未被充分挖掘。年轻人是新产品和技术的最早试用者；是弄潮儿，但其追求的潮流趋势是碎片化的；是变革者。女性是信息的收集者和有大局观的购物者，是家庭的管家、财政部长、采购主管、资产主管的结合体。最后，网民是社会的润滑剂，因为他们频繁地与他人联系、对话和交流。他们还是有表现力的传播者，以及互联网世界的内容贡献者。年轻人、女性和网民共同构成了数字经济中营销的关键群体。

反思与问题

- 你经营的业务如何充分利用年轻人作为最早试用者和弄潮儿的角色，获得更大的思想份额？
- 你经营的业务如何充分利用女性的居家影响占领更大市场？
- 你经营的业务如何识别并利用网民的特点，获得更大的心灵份额？

MARKETING 4.0

第 4 章

数字经济的营销4.0

线上邂逅线下
形式邂逅实质
机对机邂逅人对人

经济合作与发展组织称,数字创新能使各国紧密联系起来,共创可持续发展的繁荣局面。在麦肯锡(McKinsey)公司给出的对经济影响最大的创新技术名单中,移动互联网、人工智能、物联网、云计算、先进机器人、3D打印技术等赫然在列。这些数字技术已经有些年头了,但直到近些年多种技术相互融合,才使得其影响达到了最高点。

这些技术为经济的许多领域带来了变革,包括零售(电子商务)、交通(自动驾驶)、教育(大型线上公开课)、社交(社交网络)等,但这样的技术也在打破关键行业的秩序并影响行业巨头。连锁书店 Borders 和 DVD 租赁店 Blockbuster 这样的零售巨头都受到了各自领域数字技术入侵的冲击。这些数字化企业，也就是亚马逊和奈飞，如今已经是行业内的翘楚了。有趣的是，曾经是入侵者的企业也可能难逃这种冲击。苹果公司的 iTunes 曾经成功地靠着在线音乐零售模式冲击了音像实体店模式，如今却受到了 Spotify 的流媒体商业模式的冲击。2010 年左右，苹果在音乐版块的盈利达到最高峰，之后一直在下降。苹果在 2015 年年中时决定打造自己的流媒体服务——苹果音乐，以期对抗 Spotify 的冲击。

面对一浪高过一浪的新兴技术，大多数用户的态度是喜忧参半的。人工智能在带动生产的同时，也给人们带来了失业的忧虑。3D 打印技术打开了加速创新、充满无限可能性的大门，但也可能被错误利用，比如说用来制造枪支。

麻烦最大的也许要数移动互联网了。移动互联网带来了点对点的连接，用户相比过去了解的信息更多，决策也更加明智。但来自埃塞克斯大学的普日贝尔斯基（Przybylski）和韦恩斯坦（Weinstein）的研究表明，手机可能会影响人际关系。研究表明手机能让人的注意力脱离所在的环境，而且人们总是觉得可以通过手机连接到更广的网络，这让他们很难与周围的人产生情感联系。因此随着经济向数字化转移，用户期待的是一种完美的数字技术应用，实现自我并与他人形成共鸣。

而在这段向数字时代的转型适应期，我们需要一种新的影响方法来引导营销人员驾驭并平衡新型技术。过去六年来，营销人员一直期待着《营销革命 3.0》的续集，这本书热度非凡，被翻译成了 24 种非英语的版本。在书中，我们探讨了从产品导向的营销（1.0）向消费者导向的营销（2.0），直至最后的价值观驱动的营销（3.0）的转变。

现在我们将引入营销 4.0 的概念，营销 4.0 是一种结合企业与用户线上和线下交互的营销方式。在数字经济中，仅仅依靠数字交互是不够的，事实上，随着世界的网络化，线下交互代表着一种强烈的差异化。营销 4.0 也结合了风格和实质。诚然，随着技术的迅速革新，品牌必须更加灵活，适应性更强，品牌的真实角色变得愈加重要。在一个日益透明化的世界中，真实是企业最难能可贵的财富。最后，营销 4.0 利用机对机的连接性和人工智能来提高营销效率，利用人对人的连接性促进用户的参与。

从传统营销向数字营销转变

从市场细分和目标市场选择到用户社群确认机制

传统意义上，营销的起始点通常是市场细分，即根据用户的地理、人口、心理和行为特征，将市场划分为同质群体。市场细分后通常进行目标市场选择，即选择对品牌有吸引力，且与品牌匹配的一个或者多个细分市场。市场细分和目标市场选择都是品牌战略中的根本部分，使资源分配和市场定位更为高效，并帮助营销人员为不同的用户群体提供不同的产品和服务。

但是，市场细分和目标市场选择也证明了这种用户和企业之间的关系是垂直的，就像猎人和猎物的关系一样。市场细分和目标市场选择是不征求用户意见的，是来自营销人员单方面的决定。用户是决定市场细分群体的变量，其参与仅局限于市场调研时的信息输入，这种输入通常先于市场细分和目标市场选择。用户作为目标，常常被无关的信息打扰和冒犯，许多用户将品牌发送的单方向推送视为垃圾短信。

在数字经济中，用户同各个垂直社群的其他用户形成社会互联。在今天，社群就是新的市场群体，而不同于其他群体的是，社群是用户在自我定义下形成的。用户的社群不受到垃圾信息和无关广告的影响，事实上，它能抵制企业强行闯入社群关系的企图。

品牌想要与社群的用户有效交流，就必须请求许可。塞斯·高汀提出的"许可市场"理论，就是围绕着向用户请求营销信息推送许可这一观点展开。但是，品牌在请求许可时，应该是真诚的帮助者，而非带着诱饵的猎人。同脸书上的机制一样，用户可以选择"接受"或"忽略"好友请求。这展示了用户和品牌间的水平关系，然而有很多企业仍然可以采用原有的市场细分、目标市场选择和市场定位策略，前提是其营销过程必须是透明的。

从品牌定位和差异化到品牌特性和品牌密码解读

传统意义上，品牌是名字、标志和标语等一系列内容的组合，它将公司的产品或服务与竞争对手的区别开来，也是公司品牌活动中产生的价值的载体。近些年来，品牌也成为品牌服务用户体验的一种体现。由于公司活动的方方面面都与品牌有着密不可分的关系，因此品牌就成了公司战略的平台。

品牌的概念与品牌定位密切相关。自20世纪80年代起，品牌定位就成为用户心智的攻坚战。想要实现品牌的成功，就必须有清晰和持续的定位，以及支持定位的差异化标准。品牌定位是营销人员为赢得用户心智，做出的具有说服力的承诺。想要展示品牌的真实特性，赢得用户的信任，营销人员必须遵守这种承诺，并用差异化的营销手段巩固。

在数字经济中，用户如今可以衡量甚至审视企业所做出的品牌定位承诺。由于社交媒体兴起所产生的透明性，品牌无法再做出虚假且无法证实的承诺。品牌可以随意地自我定位，但前提是必须具有服务社群的意识，让品牌定位优先于公司定位。

在今天，过去那种传统的依靠重复持续传播品牌认证和定位的方式，已经无法支持品牌实现成功了。随着新型技术的出现、产品周期的缩短和趋势的迅速变化，品牌只有具有动态性，才能在各种环境下适应自如。然而，这其中不该变化的，是品牌特性和品牌密码。品牌特性是品牌存在的理由，只要品牌密码岿然不动，其外部的特征就可以随意变化。举例来说：谷歌和MTV（音乐电视网）有着数不清的品牌变体，谷歌称之为"涂鸦"，而谷歌和MTV这样的品牌仍然能在变数中巩固统治地位。

从售卖4P到商业化4C

营销组合是一个经典的工具，有助于企业计划提供给客户的内容和途径。它有四个要素，即4P：产品、价格、渠道和促销。产品通常是基于客户需求和市场调查进行研发的，企业控制着品牌决策中从概念到生产的大部分环节。企业使用基于成本、基于竞争和基于客户价值的定价方法，为品牌制定合理的价格。在基于客户价值定价的过程中，即定价环节，付费意愿是客户"参与"的主要因素。

当企业决定了所提供的内容，即产品和价格后，就该决定如何实现——渠道和促销。企业需要确定产品分销的渠道，让客户获得可行方便的购物体验；需要采取广告、公关和促销手段，将产品信息传达给目标客户。当企业将营销组合的四个要素合理地设计和结合后，客户就会被产品价值主张所吸引，产品的销售也就变得更容易了。

在连接时代，营销组合的概念变得更加需要客户的参与。4P如今应该被重新定义为4C——共同创造、通货、公共活动、对话。

在数字经济中，共同创造是一种新产品开发战略。在创意阶段使客户参与其中，共同创造，企业能提高新产品开发的成功率。共同创造还允许客户定制个性化的产品和服务，从而创造更高级的价值主张。

数字时代的定价也在从标准化逐渐迈向一种动态的状态。动态定价是根据市场需求和能力制定可以变化的价格，这种手段在酒店和航空行业中已经应用了很久。技术的革新也将动态定价带入了其他行业，比如线上零售商就通过收集大量数据，实现大数据分析，为不同客户提供合适的价格。有了动态定价，企业可以根据客户的购买历史、距离门店的位置和其他信息为不同客户制定不同的价格，从而优化产品盈利。在数字经济中，价格就像通货，根据市场需求不断地波动。

渠道的概念也发生了变化。在分享经济中，最重要的分销概念就是人对人分销。爱彼迎、优步、Zipcar 和 Lending Club 这样的企业分别改变了酒店、出租车、汽车租赁、借贷等行业，为客户带来了获取（来自其他客户的）产品和服务的便捷渠道。3D 打印技术的兴起将在不久的将来极大地促进这种分销机制。想象一下，客户想要购买某种商品，只须等待几分钟就能看到应用了 3D 打印技术的商品摆在面前。在互联的世界中，客户对产品和服务的需求都是即时的，这只有通过客户个体间的高度连接才能实现，而这一点也正是公共活动的本质。

促销的概念在最近几年也在不断变化。传统的促销一直是单方面的活动，也就是企业向客户推送信息。在今天，社交媒体的蓬勃发展使客户可以回应这些单方面的信息，让他们与他人交流这些信息。猫途鹰和 Yelp 这样的用户评分系统的出现，为客户提供了平台，让他们彼此交流和评价自己接触过的品牌。

企业如果有了互联的 4C 营销组合，就更可能在数字经济中存活下去，但销售的模式也要改变。传统情况下，客户是销售技巧的被动接受者，而在互联的世界里，双方都必须积极地积累商业价值。客户的参与程度越高，企业的商业化对于客户来说就越透明。

从客户服务流程到合作客户关怀

在购买前，客户被视作目标，而一旦他们决定购买，在传统的客户服务视角下，他们就变成了上帝。转向客户关怀的视角，企业对客户就一视同仁了，他们不是以服务为目的，而是通过倾听、回应和持续地跟进双方关注的内容，表达对客户的真切关怀。

在传统的客服关系中，客服人员有责任根据严格的规章制度和标准的操作规程完成服务。这种情况常常让客服人员在面对有争议的事项时进退两难。在互联的世界里，合作是客户关怀成功的关键，当企业邀请客户使用自服务设施参与流程时，就会产生合作。

整合传统营销和数字营销

企业使用数字营销不代表要取代传统营销,正相反,两者应该在客户购买路径上相互补充,发挥共存作用。(有关客户购买路径的内容会在第 5 章提到。)在企业和客户交互的早期阶段,传统营销在建立品牌知名度和引发客户兴趣方面有重要作用。随着交互的加深,随着客户对企业关系需求的加深,数字营销的重要性也在加深。数字营销最重要的角色就是引发购买,赢得拥护。数字营销比传统营销更容易问责,其关注点在于产出;而传统营销的关注点在于引发客户交互(见图 4-1)。

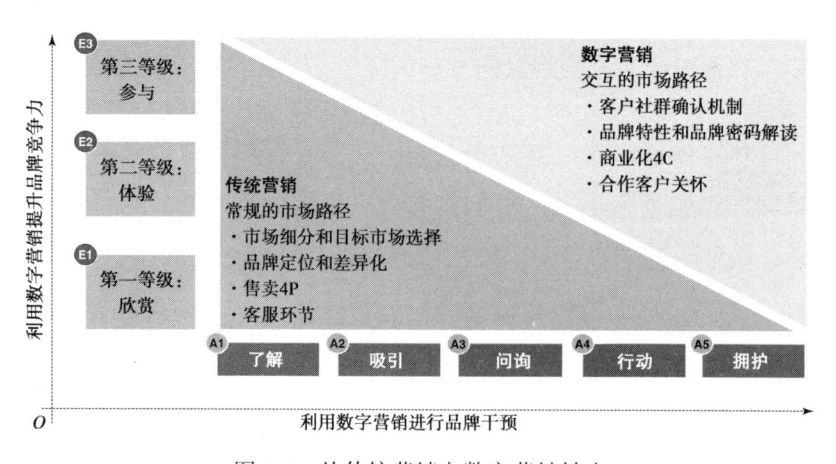

图 4-1 从传统营销向数字营销转变

营销 4.0 的本质就是意识到传统营销和数字营销在促进客户参与和获得客户拥护的过程中角色的变化。

总结：重新定义数字经济的市场营销

营销 4.0 是一种结合企业和客户线上线下交互的营销方式，通过结合形式和实体建立品牌，通过最终用人对人交互补足机对机交互来增加客户参与度。它帮助营销人员适应数字经济时代，重新定义营销活动中的关键概念。数字营销和传统营销将在营销 4.0 时代中共存，最终共同实现赢得客户拥护的终极目标。

反思与问题

- 你的品牌如何基于数字时代的人对人交互，与其他品牌形成强烈的差异化？
- 你的业务如何通过共同创造、利用类似通货特点的定价、参与公共活动、引导对话，从传统的 4P 组合转向新型的数字化的 4C 组合？
- 为了拥抱合作客户关怀，你的客服策略做了哪些根本性的调整？

MARKETING 4.0

PART 2
第二部分

数字经济中营销的新框架

MARKETING
4.0

第 5 章

新的客户购买路径

了解、吸引、问询、行动、拥护

随着世界人口的流动性和互联性增强,客户考量和评价品牌的时间变得很有限。随着生活节奏的加快和个体注意力持续时长的下降,客户变得越来越难集中注意力。但是面对线上线下的多种渠道,客户总是置身于太多信息,如产品特征、品牌承诺、销售对话之中。客户被好到不真实的广告信息弄得云里雾里,他们常常选择忽视这些信息,转向家人和朋友的社交圈子,寻求更可信的信息。

企业需要意识到,增加触点和丰富信息不一定会转化成更大的影响力。企业需要脱颖而出,并通过几个至关重要的触点与客户建立有意义的联系。实际上,品牌在某一刻所提供的意外惊喜,就足以让客户转为忠实的拥护者。想要创造这一刻,企业应该描绘客户购买路径，了解客户路径上的触点，参与到关键阶段中，将精力放在增强互动、改善渠道、改善客户界面上，从而优化这些关键的触点并提高差异化程度。

此外企业还需要利用客户的连接和拥护。在今天，客户间的个体对话是最有效的媒体形式，由于客户对企业的信任度很低，企业很难再继续直接接触目标客户。由于客户比以往任何时候都更加信任同伴，因此最具影响力的来源是那些变成拥护者的客户大军。所以，最终的目标就是取悦客户，使其成为品牌的拥护者。

理解人们如何购物：从 4A 到 5A

"爱达"公式（AIDA）——引起注意、诱发兴趣、刺激欲望、促成购买，是最早被广泛使用的描述客户营销模式的一种手段。

AIDA 是由销售和广告先驱埃尔默·刘易斯（E. St. Elmo Lewis）创造的，并首先应用于广告和销售领域。它是一种简单的提醒和清单工具，用以帮助广告从业者设计广告，帮助销售人员推销产品。和 4P 营销组合（产品、定价、渠道、促销）一样，AIDA 也经历了多次修正和拓展。

来自凯洛格商学院的德里克·罗克尔（Derek Rucker）对 AIDA 模型进行了修改，称新的模型为 4A：了解、态度、行动、再购买。在新模型中，兴趣和欲望被整合成了态度，并加入了新的阶段——再购买。修改后的模型旨在跟进客户购买后的行为，统计客户留存，将再购买视为客户忠诚度的重要体现。

4A模型比较简单，描述了客户在评估其考虑的多个品牌时所经历的简单漏斗状的思维过程：客户了解一个品牌（了解），产生好恶（态度），决定是否购买（行动），决定是否值得再次购买（再购买）。按照漏斗的模式来看，客户数量随着客户路径的持续推进而不断减少。喜欢品牌的人需要先对品牌有了解，购买产品的人需要先喜欢上这个品牌。沿着这条路径走下去，最终留下的品牌数量也在呈漏斗状减少。举例来说，人们向他人推荐的品牌数量少于人们购买的品牌数量，人们购买的品牌数量又少于人们了解的品牌数量。

4A也反映了客户的购买路径，客户在购买决策过程中受到的主要影响来自企业的触点（比如说了解阶段的电视广告、行为阶段的销售人员、再购买阶段的客服中心），这些内容都在企业的掌控之中。

在今天这个连接的时代，简单且个人化的4A漏斗状的思维过程需要变革。新的客户路径必须能够适应连接性所带来的改变。

- 在连接时代之前，客户独自决定对品牌的好恶；在连接时代，客户对品牌的第一印象受到了其所在社区的影响，从而决定了客户对品牌的最终态度。许多看起来自我的决定其实是受到社会影响的。新的路径应该反映出这种

- 社会影响力的增加。
- 在连接时代之前，品牌的忠诚度体现在客户留存和再购买上；在连接时代，忠诚度最终体现在对品牌的拥护上。由于购买周期变长，客户并不会频繁地购买一些品牌的产品，或因为地域限制无法实现购买。但是如果客户钟爱这一品牌，就会在自己不使用的时候也向他人推荐。新的客户路径应该结合这种忠诚度的新定义。
- 如今，客户积极地彼此联系，构建问询－拥护的关系，进而了解品牌信息，这其中网民又有着格外高的活跃度。客户需要更多的品牌信息时，就会搜索相关信息，并与其他拥有更多知识和经验的客户建立联系。这种联系会增强或者削弱品牌原有的吸引力，这取决于对话过程中表现出的偏向性。新的客户路径应该意识到客户之间的这种连接。

基于这些需求，客户购买路径应该改为 5A：了解、吸引、问询、行动和拥护（见图 5-1）。

在了解阶段，客户被动地接受着来自过去的经验、营销传播和其他人的推荐等多方面的品牌信息，这是通往整个客户购买路径的门户。有过往品牌体验的客户往往更容易记起或者认出这个品牌，企业的广告和其他用户的口碑也是品牌知名度的主要来源。

在了解了几个品牌后，客户会将已知的信息加工成短期记忆或者长期记忆，随后选定几个中意的品牌。这就是吸引阶段，那

连接时代之前的客户路径

- A1 了解
- A2 态度
- A3 行动
- A4 再购买

变化#1：在过去，客户独自决定对品牌的好恶；在连接时代，客户对品牌的第一印象受到了其所在社区的影响，从而决定了客户对品牌的最终态度

变化#2：在过去，品牌的忠诚度体现在客户留存和再购买上；在连接时代，忠诚度最终体现在对品牌的拥护上

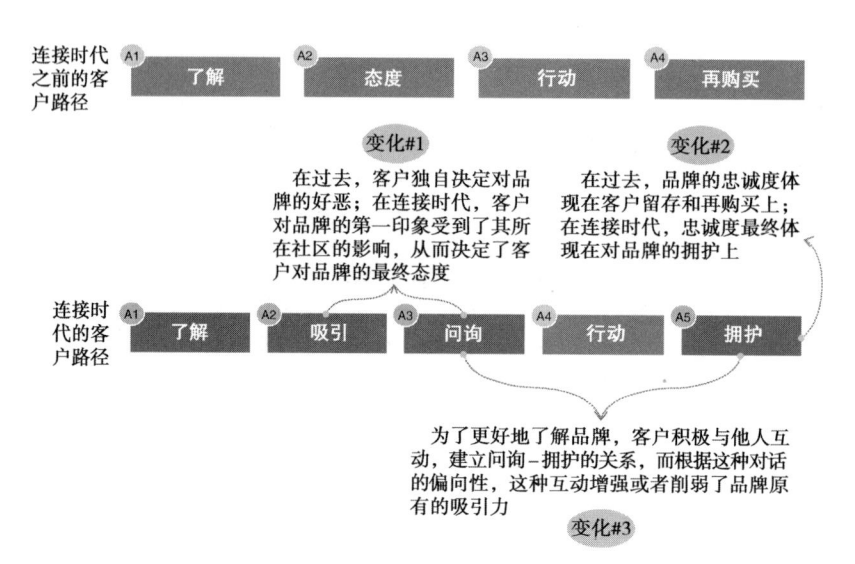

连接时代的客户路径

- A1 了解
- A2 吸引
- A3 问询
- A4 行动
- A5 拥护

为了更好地了解品牌，客户积极与他人互动，建立问询–拥护的关系，而根据这种对话的偏向性，这种互动增强或者削弱了品牌原有的吸引力

变化#3

图 5-1　连接时代全新的客户购买路径

些有着惊叹元素的品牌更容易被客户记住，也更可能留存在客户的心仪品牌清单里。在快消品这样竞争激烈的行业中，品牌繁多、产品的商品化程度也高，品牌的吸引力必须更强。有的客户群体比他人更容易受到品牌的吸引，比如说年轻人，他们往往都是最先做出回应的。因此，年轻人通常是产品的最早使用者。

受到好奇心的驱使，客户常常积极地研究那些吸引他们的品牌，从家人、朋友和媒体甚至直接从品牌那里了解更多信息，这是问询阶段。客户可以从亲友那里了解信息，也可以自己评估心仪品牌清单。他们想要进一步研究时，就会在网上参考其他客户的评论，或者拨打客服热线了解更多信息，又或者比较价格，到实体店试用一下。如今，问询结合了线上数字世界和

线下现实世界。客户可以一边在店内浏览商品，一边在手机上搜索商品信息。由于客户获取信息渠道的多样性，企业必须在较为热门的渠道中留下自己的身影。

在问询阶段，客户路径从个人化转向了社会化。客户的购买决策取决于他们在对话中获得了什么，品牌的吸引力需要得到客户的认可，客户才能沿着客户路径继续走下去。品牌需要适当地激发客户的好奇心，当客户对品牌不够好奇时，其吸引力仍然存在，但水平却很低；当客户对品牌太过好奇时，客户"被迫"问太多问题，会对最初接触的信息感到困惑。

客户一旦在问询阶段确认了足够的信息，就会进入行动阶段（决定购买）。要记住一点，我们期待的客户行为不仅仅局限于购买行为。在购买特定产品后，客户会通过使用以及售后服务，更深入地与品牌交互。品牌需要让客户有参与感，确保他们有着良好的拥有感和用户体验。当客户抱怨有问题存在时，品牌需要关注并确保问题得到有效解决。

随着时间的推移，客户会对品牌产生强烈的忠诚度，这反映在留存率、再购买率和最终的品牌拥护上，这就是拥护阶段。活跃的品牌拥护者不需要他人问起就会主动推荐，讲述品牌故事，做品牌的传播者。他们需要的触发点是询问和批评，一旦遇到这种情况，他们就会觉得有义务推荐并守护自己心爱的品牌。由于这些人敢于推荐自己喜欢的品牌，他们自然就更可能在未来再次购买这些品牌的产品（见图 5-2）。

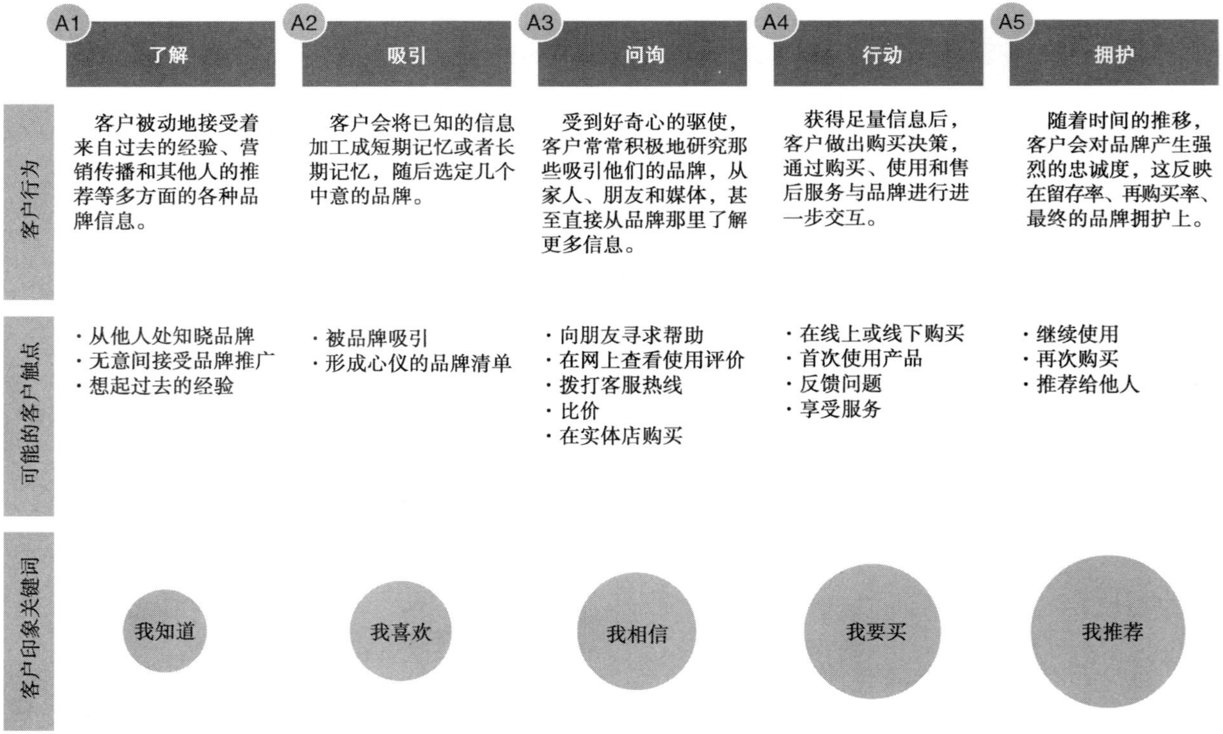

54 第二部分 数字经济中营销的新框架

	A1 了解	A2 吸引	A3 问询	A4 行动	A5 拥护
	客户被动地接受着来自过去的经验、营销传播和其他人的推荐等多方面的各种品牌信息。	客户会将已知的信息加工成短期记忆或者长期记忆,随后选定几个中意的品牌。	受到好奇心的驱使,客户常常积极地研究那些吸引他们的品牌,从家人、朋友和媒体,甚至直接从品牌那里了解更多信息。	获得足量信息后,客户做出购买决策,通过购买、使用和售后服务与品牌进行进一步交互。	随着时间的推移,客户会对品牌产生强烈的忠诚度,这反映在留存率、再购买率,最终的品牌拥护上。
可能的客户触点	·从他人处知晓品牌 ·无意间接受品牌推广 ·想起过去的经验	·被品牌吸引 ·形成心仪的品牌清单	·向朋友寻求帮助 ·在网上查看使用评价 ·拨打客服热线 ·比价 ·在实体店购买	·在线上或线下购买产品 ·首次使用产品 ·反馈问题 ·享受服务	·继续使用 ·再次购买 ·推荐给他人
客户的主要印象	我知道	我喜欢	我相信	我要买	我推荐

图 5-2 描绘 5A 模型的客户购买路径

5A模型中的各个阶段并非严格的直线形，有时候甚至是螺旋形的，这和女性购物的思维很像。客户精力不足，往往可能跳过这其中的某一阶段。举例来说，客户可能最开始对品牌没兴趣，但是朋友的推荐可能会让他决定购买。这意味着客户跳过了产生好恶的吸引阶段，直接从了解阶段到达了问询阶段。同样地，很多客户可能会跳过问询阶段，仅凭着在了解和吸引阶段获得的信息冲动地买下产品。

换成一些稀有和抢手的商品，忠实的拥护者不一定是实际的购买者。举例来说，特斯拉产品就一直享受着非买家的推广，这意味着客户跳过了行动阶段直接来到了拥护阶段。新的客户路径不必是漏斗状的固定客户结构，客户也不用非要完成5A的每一个阶段。因此，从了解到拥护，这条路径也会根据不同阶段的不同客户数量适当地变长或者缩短。

新的客户路径也可能是螺旋形的，客户回到上一阶段，形成反馈回路。咨询问题的客户既可能把新的品牌加入心仪品牌清单，也可能转而寻找更有吸引力的品牌。客户在使用过程中遇到了问题，可能会深入研究，然后再决定是继续使用还是换个品牌。由于这种螺旋形路径的存在，在5A各阶段留下来的品牌数量也会随之波动。

客户在购买路径上花费的时间在不同的行业类别中也有所不同，这取决于客户对商品类别重要性的感知。比如在购买快消品时，了解和吸引可能会同时发生，因此假如有了极高的品牌知名度却没有对等的品牌吸引力,最后往往无法产生购买行为。问询阶段所用的时间往往又很短暂,自发的购买十分常见,客户往往在零食杂货店逛逛,一冲动就决定购买了。大多数客户仅仅瞥了一眼每样产品,就不再继续研究了。假如换作是房子和汽车这样的大件商品,客户就会愿意多花点时间,问问查查,然后再做出购买决策。

5A框架是一种可以适用于所有行业的灵活工具。用作描述客户行为时,5A框架能更真实地反映客户的购买路径。它允许不同行业相互比较,并由此揭示对行业特征的洞察。与竞争对手相比时,5A框架还能提供企业与客户关系的洞察。举例来说,当企业发现其客户的购买路径不同于行业中的典型的客户购买路径时,该企业可能会进而找到其产品真正的差异化或者隐藏的客户体验问题。

从了解到拥护:O区域

营销4.0的最终目标,是让客户从了解产品变为拥护产品。总的来说,营销人员主要可以通过三个因素实现这种目标。如图5-3所示,在5A路径中,客户的决定往往受到自我(own)因素、他人(other)因素和外部(outer)因素的共同影响,我们把这种结构称为O区域(O_3)。

自我　　　他人　　　外部

图 5-3　让客户从了解到拥护的 O 区域

一方面，外部因素来自外界，是品牌通过广告和其他营销手段有目的地发起的，也可能来自销售人员和客服人员同客户的互动。从品牌的角度看，外部因素仍然是可以管控的。信息、媒体和推送频率都可以是有计划的。尽管产生的客户反馈很大程度上取决于客户体验的好坏，但整体的客户触点还是可以设计的。

与之相似，他人因素来自外部环境。通常，他人因素是指亲友圈子对产品的口碑，这个亲友圈子也可能是来自客户所在的更大的独立社群。举例来说，客户可能会受到社交网站上信息的影响，或者受到猫途鹰和 Yelp 这样的评分系统影响。他人因素的影响力不尽相同，年轻人、女性和网民是最有影响力的群体，他们往往是客户最终是否购买的决定性因素。

尽管企业为品牌的营销付出了努力，但基本上很难管理和控制他人因素影响的结果，唯一的方法就是通过社群营销。企业无法直接控制社群内的对话，但是可以在忠实客户的帮助下间接促进讨论。

另一方面，自我因素来自客户自身，来自他们过去与多个品牌的互动和体验、对品牌的判断和评价、对品牌的个人偏好。通常来说，个人偏好（自我）受到品牌口碑（他人）和广告（外部）的影响。事实上，这三种主要的因素常常相互交织在一起。

外部因素通常最先影响到客户，如果外部因素成功发起了品牌和客户的对话，接下来就是他人因素。最后，这两种因素会交互并形成客户的自我因素。

每个客户通常都受到这三个因素的影响，尽管比例可能各有不同。有的客户个人好恶分明，不容易受到广告或者朋友推荐的影响；有的客户十分依赖于他人推荐；有的人愿意相信广告。尽管个体间存在差异，但相比于自我因素和外部因素，今天的客户仍受他人因素影响更深，其原因我们之前已经进行了探讨。2015年尼尔森的研究表明，来自60个国家的受访者中，有83%的人将家人和朋友视为最可靠的"广告"来源，有66%的人会在意他人在网上的评价。

在5A的过程中，客户在问询和行动两个阶段中都容易受到影响。在问询阶段，客户针对几个品牌，尽可能地向他人和外部因素寻求建议和信息，这个阶段是营销人员增加客户的品牌喜爱程度的绝佳机会。在行动阶段，客户逐渐形成自己对品牌的看法，这个阶段他们不再受到来自外界的压力，心态也就更加开放自由。那些能够为客户提供优秀消费和使用体验的品牌总是更受青睐（见图5-4）。

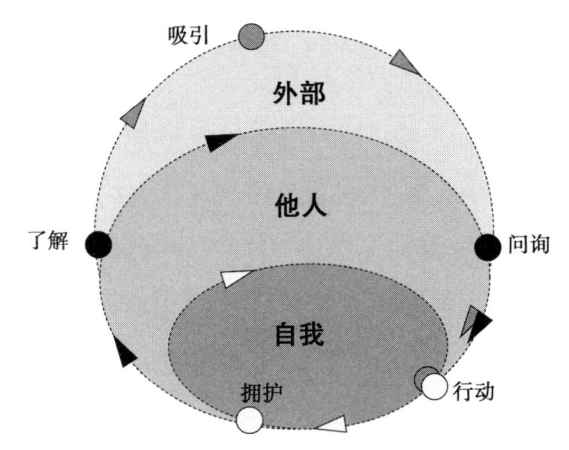

图 5-4　客户路径的 O 区域

　　客户购买经验的多少也会决定其购买路径。第一次买某类商品的客户经常会完成五个阶段，且极大地依靠外部因素。因此，许多第一次购买的客户最后会购买呼声最大的产品。

　　在买了几次后，客户的经验更多了，他们就会依赖于他人，有的时候会跳过吸引阶段，或者更换品牌。有经验的客户通常有着很强的自我影响力，一旦找到自己喜欢的品牌，他们就会跳过大部分阶段，一直选择这个品牌，除非有一天这个品牌让他们不满意了。

　　O_3 是营销人员优化营销策略的有效工具，如果能区分外部、他人和自我影响，营销人员就能确定其工作的重点。当外部因素最重要时，营销活动的重点就要放在营销传播上；当他人因素最重要时，营销人员就该依靠于社群营销活动；当自我因素最重要时，营销活动则应该致力于提供良好的售后服务体验。

总结：了解、吸引、问询、行动、拥护

在数字经济中，客户路径应该被重新定义为 5A——了解、吸引、问询、行动、拥护，5A 反映了客户之间的连接性。营销 4.0 概念最终的目标是使客户从了解产品到拥护产品。想要实现这一目标，营销人员需要衡量三种主要的影响因素——自我因素、他人因素、外部因素。我们把这种结构称为 O 区域，它是一种帮助营销人员优化营销策略的有效工具。

反思与问题

- 你的品牌如何捕捉并利用客户路径中最关键的触点？
- 你的企业如何评估影响客户路径的三大因素，从而提高品牌受欢迎度，优化营销工作？

MARKETING 4.0

第 6 章

营销生产力指标

购买行动率（PAR）和品牌推荐率（BAR）

我们都知道品牌知名度在客户购买过程中的重要性，经常看到不同行业的营销人员为了实现一流的品牌知名度而展开竞争，但在推动客户购买和拥护他们的产品方面步履蹒跚。他们斥巨资建立前期人气优势，随后只依赖于客户在购买过程中的"自然发展"，而不再尝试干涉。

一方面，品牌经理深知品牌知名度的重要性，他们定期开展市场调查，研究品牌的知名度和认可度。他们的目标是客户自发地想起，甚至首先想起他们的品牌。有的人认为第一提及率是市场占有率的一个良好指标，在一些客户参与度较低、购买周期较短的行业中的确是这样的，比如说快消品，客户只须知道产品，就有可能去购买。但是在购买客户参与度较高、购买周期较长的产品时，了解只能算是第一步。

另一方面，客服经理紧紧跟进客户的满意度和忠诚度。客户的满意度越高，其忠诚度指数也就越高。忠诚被重新定义为客户向别人推荐品牌的意愿。因此，营销最终的目标是，相比于其他的品牌，让更多客户更愿意推荐和拥护自己的品牌。

知名度和拥护度这样的指标有着相似的弱点，那就是它们都关注营销的结果而非过程。虽然这些指标用来跟踪品牌的发展以及衡量品牌和客服团队的工作十分有效，但无法帮助品牌经理和客服经理了解这些指标得分在特定季度起起伏伏的原因。因此，品牌经理和客服经理也就没有针对指标的变动采取营销干预措施。

此外，品牌经理和客服经理在各自进行调研和分析时，并不总是互相沟通的，而这种组织孤岛的存在常常导致企业无法发现品牌的知名度和拥护度之间的联系。他们失去了那种简单却重要的洞察力，即如何有效地将市场上知道其品牌的人转化为客户，甚至转化为忠实粉丝的能力。

介绍 PAR 和 BAR

想要解决目前营销衡量指标难以应对的问题，我们要引入一系列新的指标。根据 5A 模型，有两个指标值得衡量，分别是 PAR 和 BAR。PAR 衡量了企业将品牌知名度转化为购买行为的能力；BAR 则衡量了企业将品牌知名度转化为品牌拥护的能力。我们需要研究的数据是在 A1 阶段（了解）到 A4 阶段（行动）乃至到 A5 阶段（拥护）的客户数量。

举例来说，市场上有 100 名客户，X 品牌会被其中 90 名自发想起，而在这 90 名中，只有 18 名最后会购买产品，而只有 9 名会主动地推荐该品牌。因此 X 品牌的 PAR 是 18/90，即 0.2，而 BAR 是 9/90，即 0.1。表面看来，X 品牌有 0.9 的品牌知名度，前景不错，但实际上，它的表现却不够好，因为它没有将 80% 的高品牌知名度转化为销售（见图 6-1）。

PAR
PAR 衡量了企业将品牌认知转化为购买行为的能力

等于市场中品牌购买者的数量或者百分比

$$PAR = \frac{购买行为}{自发想起}$$

BAR
BAR 衡量了企业将品牌认知转化为品牌拥护的能力

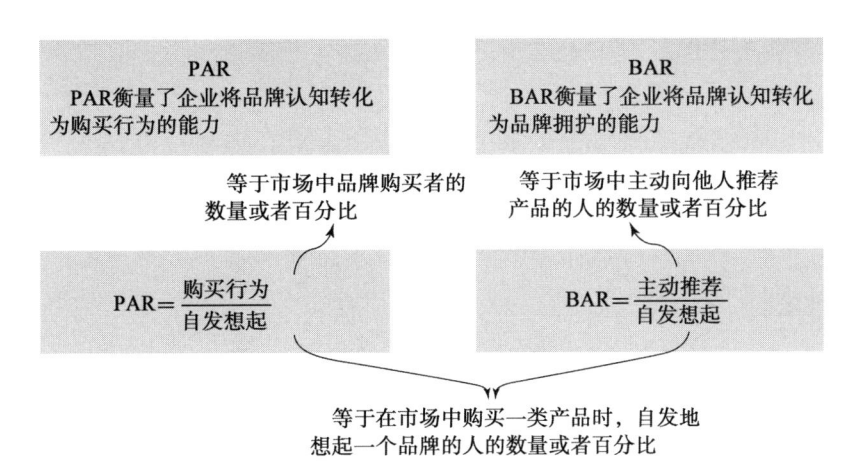

等于市场中主动向他人推荐产品的人的数量或者百分比

$$BAR = \frac{主动推荐}{自发想起}$$

等于在市场中购买一类产品时，自发地想起一个品牌的人的数量或者百分比

图 6-1　新的衡量指标 PAR 和 BAR

这两个简单的指标是按照财务主管用来衡量财务健康状况

的比率来设计的，比如净资产收益率（ROE），即企业用股东投资的净资产盈利的多少。ROE让股东能了解自己的钱创收了多少。同理，PAR和BAR也能让营销人员了解资金的产出，尤其是在扩大品牌知名度的方面。

事实上，用PAR和BAR研究营销投资回报率（ROMI）的确表现不俗。对大多数行业来说，营销开支中最大的一笔就是用在打广告扩大知名度上。因此我们可以将品牌知名度视为ROMI计算公式中的"营销投资"。"回报"则具有两面性，一面是在商家的眼中能直接转化为销量的购买行为，另一面则是不能直接转化的客户拥护。

分解PAR和BAR

这两种参数的价值远不只如此，企业在尝试计算从了解到拥护的"转化率"时，还可以回答营销中最为重要的一个问题——企业如何做出有效的营销干预，进而增加忠实客户的数量。

再次借鉴财务主管的洞见，我们应该也将PAR和BAR两项指标进行分解。在杜邦公司的意向分析中，净资产收益率被视为三种内容的产物：盈利能力（通过净利润率计算）、资产使用率（通过资产周转率计算）和财务杠杆（通过股权乘数计算）。比较品牌优劣时，ROE更高，可能就是因为盈利能力更强，资产使用更有效，财务杠杆更高。由前两个因素引起的高 ROE 的确是件好事，但高杠杆带来的高 ROE 就需要企业更加谨慎地确认自己是否是过度杠杆化的一方了。

分解 PAR 和 BAR 可以揭示同样有用的洞见。事实证明，PAR 可以通过市场份额除以品牌知名度来计算。营销人员可以粗略地估计品牌知名度提高带来的品牌潜在市场份额的增长（见图 6-2）。

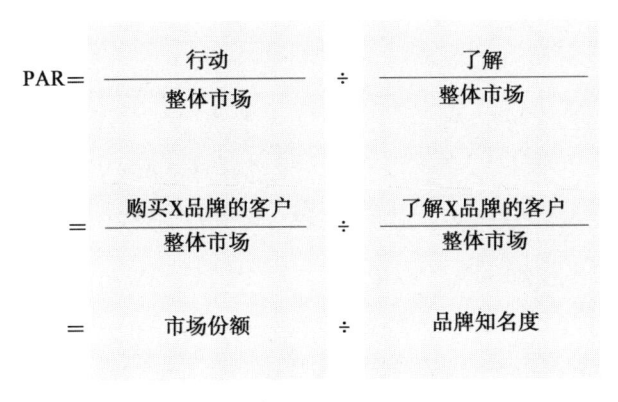

$$PAR = \frac{行动}{整体市场} \div \frac{了解}{整体市场}$$

$$= \frac{购买X品牌的客户}{整体市场} \div \frac{了解X品牌的客户}{整体市场}$$

$$= 市场份额 \div 品牌知名度$$

图 6-2　PAR

举例来说，X 品牌希望增加开支将品牌知名度增加 1%。从过去的研究看，X 品牌知道自己的 PAR 是 0.5，这意味着 X 品牌有一半的投入都浪费在扩大市场份额的过程中了。其他条件相同时，X 品牌的市场份额增量期待值应该为 0.5%。尽管这只是一个预估值，但能够帮助营销人员更合理地分配支出（见图 6-3）。

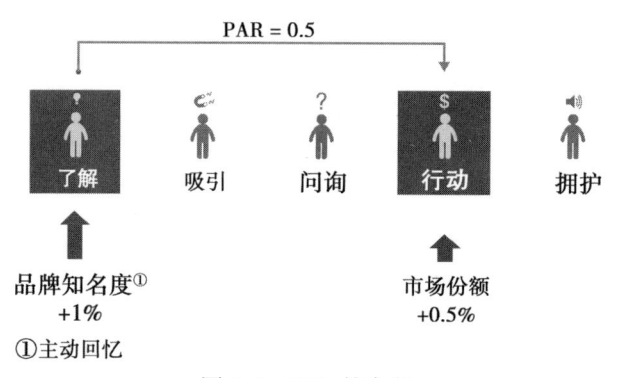

```
              PAR = 0.5
       ┌──────────────────┐
       ↓                  ↓
     ┌───┐   ?          ┌───┐
     │了解│  吸引  问询  │行动│  拥护
     └───┘              └───┘
       ↑                  ↑
   品牌知名度①         市场份额
     +1%                +0.5%
   ①主动回忆
```

图 6-3　PAR 的含义

营销人员应该衡量从了解阶段到拥护阶段每一阶段的转化率。从了解阶段到吸引阶段的转化率较低代表着产品吸引力不足，表明了解了这个品牌的客户没有被产品吸引，原因可能是产品的定位和营销传播执行较差。解决了这些问题，会使产品的吸引力更接近 1 这个数值。

从吸引阶段到问询阶段的转化率较低，则代表着客户的好奇心不够，代表他们不想进一步了解和问询这个品牌。这通常是由于企业无法展开对话并促进客户的信息分享。但品牌的新奇度绝不可达到太高的水平，因为假如客户的问题一个接一个，那就意味着品牌的信息不够一目了然。过高的好奇度也要求企业有着足够的能力来直接（通过自身渠道）或者间接（通过拥护者的推荐）回答客户的问题。然而不幸的是，营销人员无法控制拥护者的对话产出。因此，在 5A 的所有转化率中，好奇心水平是唯一一项不追求接近 1 的。

从问询阶段到行动阶段的低转化率代表着购买的承诺较少——客户只是谈起这个品牌,却从不会购买。这通常意味着品牌无法通过分销渠道将客户已产生的兴趣转化为购买行为。有许多可能的营销组合(4P——产品、价格、渠道和促销)缺陷可能导致这一失败。客户在试用过程中可能发现产品实物令人失望,产品价格太高,销售人员没有足够的说服力,或者产品在市场上不容易买到。解决这些问题将有助于品牌提升承诺水平。

从行动阶段到拥护的转化率较低则代表着亲和力不足,使用过的客户不够满意,所以不会推荐。这种较低的转化率可能是由于售后服务或者产品的表现不够理想。客户被吸引并购买了产品,最终却大失所望。改善使用体验能增强产品的亲和力(见图6-4)。

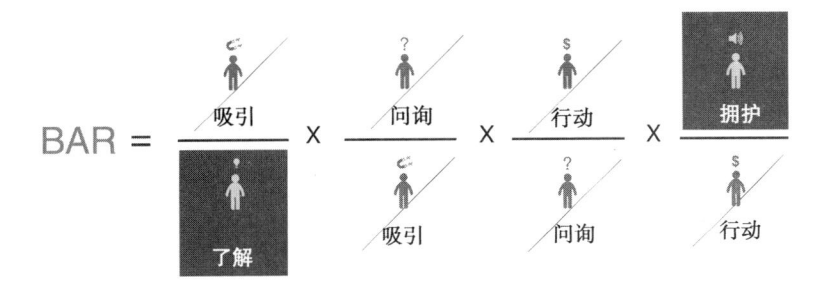

$$BAR = \frac{吸引}{了解} \times \frac{问询}{吸引} \times \frac{行动}{问询} \times \frac{拥护}{行动}$$

图 6-4 BAR 的真正含义

被分解后,PAR 和 BAR 值的高低反映的是过程而不仅仅是结果。赢得客户忠诚度是一个长期的螺旋式过程,它包括吸引、激发好奇心、确保承诺以及最终建立亲和力。理想状态下,与品牌互动的每一个客户都可以顺利完成5A的过程，换种方式来说，BAR的理想值为1，即每一个知晓品牌的客户，最后都会推荐并拥护这一品牌。但在现实中，BAR为1的情况凤毛麟角。更多的时候，相当一部分客户退出了，没有完成全部的阶段。

5个阶段中任何一环出现较低的转化率都代表着瓶颈的出现。5A中出现的瓶颈和生产中遇到的瓶颈一样，都会减少整体过程的产出。营销人员可以通过找出这些瓶颈，定位并解决导致PAR、BAR下降的症结。通过这种简单的诊断过程，营销人员可以准确地知道在整个客户路径中应该采取哪种干预措施。营销人员可以关注于真正重要的事情上，而不是试图全面改进。改善瓶颈触点，会使BAR和PAR数值更加接近于1。这些行为的目标是提高营销生产力，避免不必要的开支浪费（见图6-5）。

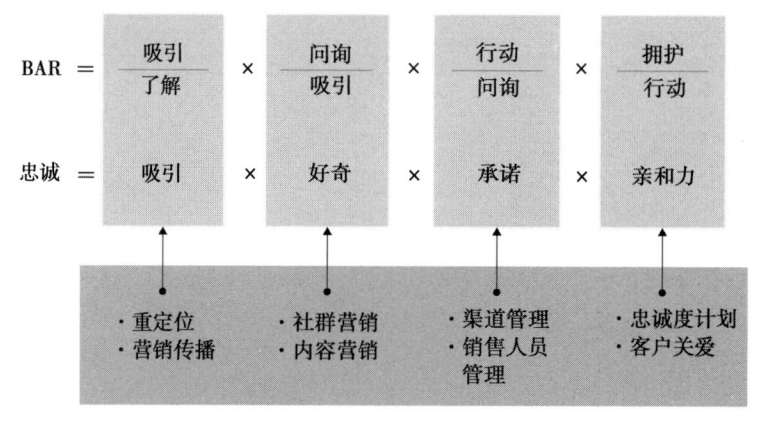

$$BAR = \frac{吸引}{了解} \times \frac{问询}{吸引} \times \frac{行动}{问询} \times \frac{拥护}{行动}$$

$$忠诚 = 吸引 \times 好奇 \times 承诺 \times 亲和力$$

- 重定位
- 营销传播
- 社群营销
- 内容营销
- 渠道管理
- 销售人员管理
- 忠诚度计划
- 客户关爱

图6-5　企业增加转化率可能采用的干涉策略

增加营销生产力

赢得更多忠实客户的一种方法是提升品牌知名度。越多人认得这个品牌，它就越可能被拥护和推荐。但这种方法不仅成本高昂，还要求企业用高额的营销传播预算在市场中争得一席之地。那营销人员如何能在不显著增加营销预算的前提下提高品牌知名度呢？

连接性最大的好处就是通过引发客户间的对话，扩大产品知名度，让参与到对话中的客户最终对品牌产生印象。

我们应该把客户间的对话视为杠杆。在财务领域内，债务带来杠杆，在不增加股东权益的前提下创造了倍增效应。状况好的时候，债务放大盈利；状况差的时候，债务放大亏损。杠杆为企业投资带来更多盈利，但负债远高于股东权益的企业，杠杆越大，违约风险也就越大。

在数字时代，客户间的对话（他人因素）等同于"债务"，广告（外部因素）等同于"股东权益"。客户对话提供了杠杆，让品牌无须过于依赖广告就能低成本地提升品牌知名度。但风险也随之而来，众所周知，客户对话难以把控。企业无法控制对话的内容：当对话对品牌有利时，品牌的资产就会被放大，否则，品牌就会受到损害。品牌的"生杀大权"完全落在客户的手中。在企业 DNA 中嵌入真实差异化的品牌更有可能进入有利的对话。

围绕品牌展开对话对品牌有一定收益,让企业能够减少无意义的广告并增加营销生产力。即使是世界顶尖的品牌也不能仅仅依靠客户对话,品牌必须时不时地进行广告宣传活动才能避免高杠杆的出现。品牌也需要从外部影响对话的方向。

想要赢得更多的忠实客户,一个行之有效的方法就是改善5A过程中的关键触点,从而提高PAR和BAR值。营销人员需要应用多种策略和战术,才能克服5A阶段遇到的4种潜在瓶颈。这些措施都旨在解决阻碍客户进入下一阶段的潜在问题。

增加吸引力

如果大多数了解品牌的客户都不觉得品牌有吸引力,品牌就存在吸引力不足的问题了。这种问题可能来自品牌本身或者品牌所代表的产品。当实际产品的价值主张不够吸引人时,即使是巧妙的品牌宣传和巨额的预算也可能无济于事。品牌传播执行力不够,也可能导致吸引力不足,即使实际价值主张是占优势的。

那么在今天,品牌的吸引力是如何形成的?在数字时代,客户的科技交互程度很高,人性化的品牌往往最具吸引力。客户越来越偏爱以人为本的品牌,因为这些品牌的特性更人性化,更能为客户带来平等的交互体验。

有的客户偏好那些社会和环境价值更大的品牌,这些品牌正在实践营销3.0,为客户带来良好的获得感。美体小铺这样的品牌正在实现社会文化的转型,从女性赋权、公平贸易和员工多样化等多方面促进社会公正。然而,自从品牌创始人安妮塔·罗迪克(Anita Roddick)去世后,这个品牌却似乎丧失了它的"行动主义"特质。在品牌40周年时,它发起了"回馈而非豪夺"的运动,旨在帮助核心客户践行品牌的使命,使客户享受购买有社会责任感的品牌的过程。

另一个例子是印度尼西亚人民银行(BRI),该品牌一直致力于帮助金字塔底端的创业者脱离贫困。作为世界最大的小型贷款银行和印度尼西亚规模最大的银行,印度尼西亚人民银行一直肩负着这种使命。此银行收购并发射了自己的卫星帮助全球客户,尤其是贫困地区的创业者,这一举动是世界首例。添柏岚(Timberland)是另一个著名的例子,作为世界著名的户外生活品牌,它承诺将种植1000万棵树(自2001年开始),并将可再生资源用于一半的生产设备。

客户也可能被试验性或者代表特定生活方式的品牌吸引。这些品牌的经营方式不走寻常路,因此客户会觉得很酷。它们通过宣扬自己宏伟远大的使命吸引客户。Casper是一个床垫品牌,它重新定义了人们购买床垫的方式,提高了人们的睡眠质量。在别的床垫品牌提供各种产品的时候,它却只卖一种,只卖最"完美"、能让客户睡眠质量最好的那一种。它采用线上销售、把床垫压缩进方便运输的 21 英寸×21 英寸×42 英寸㊀的盒子里，不仅如此，它还提供试睡 100 天、免费运输和返现的服务。没有时间仔细挑选的客户选用它可以节约时间，降低风险，但 Casper 能否持续地吸引客户，仍然需要时间的验证。

特斯拉也是一个吸引力很强的代表独特生活方式的品牌，能让客户愿意排队等几年才能提车。埃隆·马斯克同史蒂夫·乔布斯一样有着很强的个人魅力，马斯克讲述了一个引人入胜的、有关汽车未来和可持续能源前景的故事。特斯拉这样的品牌为客户带来展示自我的舞台，拥有一台特斯拉能让客户在享受极佳驾驶体验的同时表明自我的身份和地位。

还有很多客户会偏好那些拥有个性化产品和服务、满足客户确切需求的品牌。当今世界的需求多种多样，市场也是千差万别的。汉堡王通过在 20 世纪 70 年代开展"我选我味"的活动，引发了食品定制化的风潮。

几十年后，定制化的风潮仍未退去。幸运的是，技术使得品牌可以更大程度地定制化。品牌可以用大数据分析了解客户个体的行为和偏好。用这种方法，品牌能够在合适的时间和地点为客户带来想要的产品和服务。NIKEiD 是耐克旗下非常成功的一个大众定制化品牌，它让客户能够设计自己想要的鞋子和衣服。

㊀ 1 英寸 = 0.025 4 米。——编者注

激发好奇心

卡内基梅隆大学的乔治·勒文施泰因（George Loewenstein）给好奇心下了一个十分简单的定义：好奇心是已知和想知之间存在的信息隔阂所导致的缺失感。

心理学家让·皮亚杰（Jean Piaget）和丹尼尔·伯莱恩（Daniel Berlyne）分别发现了惊喜和好奇心之间的联系。皮亚杰认为好奇心呈一个倒 U 形曲线：当我们对某事的预期与我们实际经历之间的偏差达到最佳水平时，我们最为好奇。当我们没有期望时，也就不存在好奇心了。当我们的期望值较高时，我们希望避免找出"真相"，好奇心同样较小。伯莱恩也认为当人们面对惊喜时，他们的热情会被点燃，想要进一步探讨。

在营销中，好奇心源自向客户提供适量的有吸引力的信息，因此，想要激发客户的好奇心，我们需要的是一种叫作内容营销的方法。内容营销是一系列创造和分配内容的活动，它与客户的生活相关，也与品牌本身有所联系。

有些情况下，品牌明显自带内容，吸引来了流量。比如说通用电气，它带来有关科技的内容；还有大通银行，它的网站上提供了有关财务计划和生活方式的有趣内容。

有的时候，客户在浏览和搜索网站时常常会遇到感兴趣的内容。进一步探索，他就会发现内容背后隐藏的品牌，并可能最终垂青这一品牌。通用电气的科幻播客"信息"和电子杂志 *Txchnologist* 都是很好的例子。还有《启程》杂志，这是一本有关旅游、时尚、购物、生活方式、艺术文化的精品杂志。在访问网站时，读者往往被美国运通的独家内容所吸引，该杂志最终在2013年被《时代》杂志公司收购。

内容构思和创造过程是内容营销的一部分，这个过程包含确定主题，使其连接客户和品牌的活动。构思的内容形式也多种多样，包括书面格式（文章、白皮书、案例分析、新闻稿、图书）和多媒体格式（信息图像、漫画、交互式图形、游戏、视频、电影）。

内容营销的另一部分是内容的传播和扩大。内容同广告一样都必须选对媒体渠道，最简单的方法就是利用企业自己的媒体渠道，比如说媒体网站和社交媒体账号。如果还有额外的预算，也可以选择在本地的媒体付费频道投放原生广告。原生广告一定要在知名媒体投放，方式必须符合读者的使用习惯，容易被接受。当内容十分真实时，就可以通过口碑和社交媒体自动传播，我们称之为获得媒体（earned media）。为了实现这一目标，品牌需要积极进行社群营销和社交媒体营销。

想要利用客户的好奇心，好的营销人员往往能随时准备好客户所需的内容，让这些内容"可搜索""易分享"。谷歌提出了"即刻知道真相"（ZMOT）的说法，它指客户搜索并加工信息，为购买做准备的一种方法。ZMOT领先于品牌第一次接触的"真相第一刻"。谷歌的研究揭示了ZMOT的两大来源分别是"线上搜索"和"对话亲友"。营销人员需要确保客户在线上搜索或者问询自己亲友时，品牌的形象是可信的。

增加购买承诺

吸引并说服客户是增加品牌忠实粉丝的重要步骤，但这份工作仍任重道远。营销人员需要确保客户最后会购买和使用他们的产品。想象一下，客户在电视上看见一个品牌，随后会在网上搜索产品的信息。我们要让客户最后被品牌的理念说服，相信这个品牌是正确的选择。现在的客户偏好网上购物，但经常发现在偏远地区有些产品只能在实体店购买，这时客户可以决定是否要花费时间和精力跑过去购买。在这种情况下，品牌无法保证产品的供给，客户路径就会突然终止。而当实体店的体验——包括物质环境、促销和销售人员——无法满足客户期望时，客户路径也会终止。因此，锁定用户承诺的能力取决于渠道的可行性和改善用户体验的能力。

想让客户购买，我们需要全渠道营销，为客户提供各种触点的、整合线上线下资源的服务。这包括客户在实体店、网站、移动应用、热线电话或者其他渠道的体验。其关键不在于给客户带来环绕式的触点，而在于为客户在不同渠道间带来无缝的体验。值得注意的是，客户是不相信渠道的，他们的视角中不存在不同的渠道，但期望着在购买过程中享受无缝的体验。

由于不同的触点是不同的人怀着不同的目标、带着不同的预算进行管理的，想要实现无缝体验的最大障碍是组织孤岛，而这通常会带来渠道间的摩擦。营销人员需要打破这些孤岛，站在客户的角度思考；他们需要用最完整的视角绘制客户路径，确定不同渠道的作用，以说服客户购买。在这种情况下，渠道应该从市场专家（服务于特定的市场群体）和产品专家（售卖特定产品的人）的手中，转入活动专家（在客户路径上扮演重要角色的人）的手中。尽管每个渠道的作用各不相同，但是它们通常能独自带来一次完整的购买行为。

梅西百货就是一个很好的例子，梅西百货发现了线上和零售业务之间的关系。在搜索引擎优化上每投资 1 美元，店内销售额就会增加 6 美元。这以后，梅西百货就一直尝试整合线上和线下的活动。客户可以选择直接在网站上购买梅西百货的产品，或者到就近的商店购买。

梅西百货实现了无渠道分化，为线上和线下的客户带来了无差别的购物服务。客户在想购物时就能购物的情况下，更容易做出购买的承诺。梅西百货结合了两大"孤岛"的预算，优化了开支，为最终带来最好的客户体验、创造最高的产值而努力。

沃尔格林也是一个例子，它的店面在美国无处不在，它可以通过移动 APP 为任何客户带来定制化的服务。服务的及时性和相关性让客户愿意做出购买承诺，在周边的商店完成购买。移动 APP 带动了全美每周超过 500 万人次的商店访问量，其中使用 APP 的用户最后比只在实体店购买的客户平均多购买 6 次。

增加亲和力

目标远大的营销人员将购买完成视为更有回报的潜在关系的起点,也是建立客户拥护的关键点。对大多数客户来说,售后体验,包括使用和售后服务,需要衡量的是产品和服务的表现是否符合营销人员做出的售前承诺。如果实际体验符合甚至超过预期,客户就会和品牌产生亲和关系,可能成为忠实的拥护者。最后,营销人员可以从客户那里赢得长时间的喜爱和认可。

为了改善售后体验,营销人员应该扩大触点,打破常规为客户带来更多互动的机会。营销人员还应该增加客户可以参与的活动,来改善产品的性能和服务的体验。

随着品牌的人性化程度增加,客户参与变得越来越重要,它打破了企业和客户的界限,让他们成为朋友。在数字时代,根据客户的不同特征,营销人员应该平衡高接触和高科技之间的关系。更多形式的交互包括不同的客户服务界面、社交媒体交互、游戏化。

丽思·卡尔顿酒店因其人性化的服务来吸引客户而一直久负盛名。它的连锁酒店总是让服务人员为房客带来意外惊喜。举例来说,当孩子的长颈鹿玩具丢了的时候,父母不得不给孩子讲个善意的谎言,说长颈鹿只是去度假了,而丽思·卡尔顿酒店所做的就是证实这个故事,也就是为长颈鹿的假期提供书面证明。

Zappos是一家线上鞋店,它因其人性化的客服热线而闻名。

Zappos的快递是免费的，有一个女人曾订购了6双鞋，因为她的脚受伤了想找1双合适的，最后她决定留下2双并退回其他的鞋。经过一次愉快的电话交流后，Zappos甚至为她赠送了鲜花祝她早日康复。

社交媒体也是客户参与的有效工具。Rilling、Sanfey等人所做的研究揭示了社交媒体流行的原因。研究表明，对人类来说，面对面的交流比人对机器的交流需要更多的情感参与。通过即时通讯和社交媒体工具进行交流对人类来说十分便捷，如果客户不想有情绪上的需求，比如说不想抱怨客服不好时，他们就会选择使用线上服务。由君迪（J.D.Power）所做的一项调查表明：67%的美国客户使用企业的社交媒体来获取服务。

让客户参与到营销活动中的另一种方法就是游戏化，即使用游戏机制来增加品牌的参与度。由于游戏具有趣味性、沉迷性和竞争性，它们能让客户下意识地产生购买行为。

星巴克的奖励机制就是它和客户交互的一种方式，它为客户每次交易达成的各项成就和等级提供不同的奖励，包括各种折扣和奖品，其目标是促进客户多多购买。

沃尔格林也通过游戏机制鼓励客户参与。沃尔格林的APP通过先进的定位功能，奖励那些通过步行、跑步、骑行保持良好生活习惯的人。华侨银行则与PlayMoolah联手，让孩子们在玩游戏的时候做出明智的财务决策。在游戏化的过程中，让孩子在不知不觉中意识到他们的行为会有更深的影响。

总结：PAR 和 BAR

结合客户购买的 5A 模型，我们引入了新的衡量指标，即 PAR 和 BAR。这两种指标能够更好地衡量营销人员在推动客户从了解到购买，再到拥护的效率。本质上，PAR 和 BAR 帮助营销人员衡量营销活动的生产力。

反思和问题

- 你的业务如何应用 PAR 和 BAR 两种新指标来衡量营销生产力？
- 你的业务如何在不明显增加预算的情况下，触发有利的客户对话，来提高品牌知名度？

MARKETING
4.0

第 7 章

行业原型和最佳的营销手段

渠道、品牌、销售和服务管理

想理解市场的动向，我们就需要利用客户路径的概念，因为它展示了客户从不知道一个品牌到耳熟能详、感兴趣、购买、再购买，甚至形成品牌口碑的全过程。

现实中每个客户购买的情况各不相同，且很复杂，经常是综合利用了多种传统和数字媒体。品牌所在的市场决定了客户路径的复杂程度，那些因价格较低、购买方便而风险较低的商品类别，其客户路径往往更简单；如果商品的购买风险较高，通常客户参与度也较高，就需要较复杂、冗长的客户路径。此外，在同一行业、不同地区的市场，客户路径也存在区别。

即使在同一地区、同一行业，不同品牌的客户路径模式也各不相同。大品牌通常有更多的触点，让客户可以有多种不同的交互体验；小品牌则通常更贴近客户，其触点也相对有限。品牌目标客户群的不同和品牌定位策略的不同也会导致这种差异。

因此我们需要将复杂的客户路径简化统一成通用的 5A 框架，有了这样的通用模式，我们就能够找出符合几种关键行业的经典原型。尤其是在今天，科技的分化和创新的驱动使得行业间的界限变得模糊，使用 5A 框架，我们就能够了解其他行业如何迎接挑战，也能通过比较产品的 BAR 掌握脱颖而出的方法。

四大行业原型

通过直观地比对 5A 框架下不同阶段的转化率——吸引、好奇、承诺与亲和，我们可以更好地研究不同行业的关键特征。我们发现至少有四种主要的模式存在于各个行业——"门把手式""金鱼式""喇叭式"和"漏斗式"，每一种模式都代表着一种独特的行业原型，并对应一种特殊的客户行为模式和一系列的挑战（见图 7-1）。

模式 1：门把手式

最主要也最常见的一种模式是门把手式，它最鲜明的特征是高度的购买承诺和低水平的好奇心。以门把手式客户路径而闻名的一个行业是包装消费品。

在这种模式下，客户不会花费时间调查并比较不同的商品选择，因为它们的价格较低，客户也就觉得没必要了解太多。此外，购买行为通常是高频率的、习惯性的。因此，客户基于过去的经验，对于特定的品牌已经有了自己的期望和偏好。

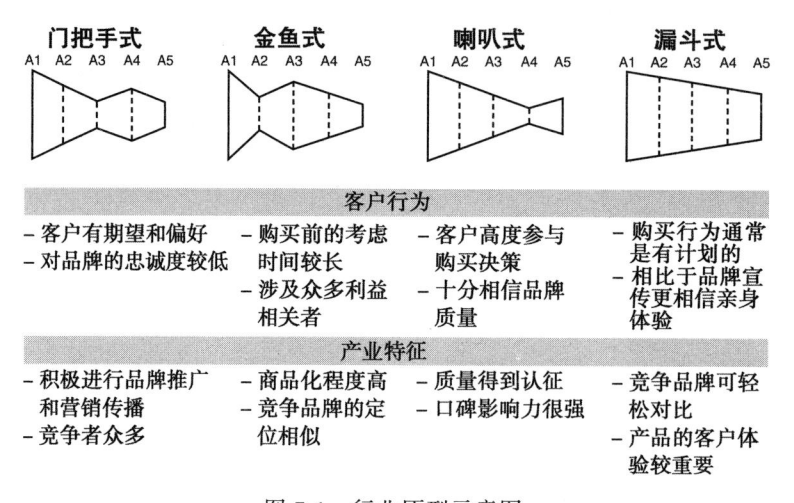

	门把手式 A1 A2 A3 A4 A5	金鱼式 A1 A2 A3 A4 A5	喇叭式 A1 A2 A3 A4 A5	漏斗式 A1 A2 A3 A4 A5
客户行为	- 客户有期望和偏好 - 对品牌的忠诚度较低	- 购买前的考虑时间较长 - 涉及众多利益相关者	- 客户高度参与购买决策 - 十分相信品牌质量	- 购买行为通常是有计划的 - 相比于品牌宣传更相信亲身体验
产业特征	- 积极进行品牌推广和营销传播 - 竞争者众多	- 商品化程度高 - 竞争品牌的定位相似	- 质量得到认征 - 口碑影响力很强	- 竞争品牌可轻松对比 - 产品的客户体验较重要

图 7-1　行业原型示意图

通常的门把手式行业有着规模较大的客户群，也有大量的竞争品牌。由于客户有着情感上的偏好，许多同一类别的产品就算有着相似的品牌特征，也会在客户心中被分出高下。

购买通常是即时性的和冲动性的，其动因是产品的低价和促销。因此，各品牌在竞争时都会采用诱人的营销传播吸引客户，其花费也相当多。而这种趋势也使得各大品牌为了增加自己的市场份额展开大战。

客户购买门把手式产品的决定性因素通常是产品购买点的可得性。客户可能对产品不感兴趣，但最后因为购买的时候只有一种选择，也就只能买下了。

门把手式的另一关键特征是客户对他们使用的品牌的忠诚度较低。许多购买的客户不愿意推荐品牌。而由于客户花费较少，承担风险较低，品牌的优惠力度又很大，他们转而选择其他品牌的情况时有发生。因此，许多品牌希望能通过增强客户参与度来提高客户忠诚度。举例来说，可口可乐开展了"我的可乐奖品"活动，让客户可以通过购买可乐并参与一些活动（比如，玩游戏、在社交网站上互动），赢得积分，通过这些积分将会员等级分为铜、银和金，等级越高，权益就越大。

模式2：金鱼式

第二种主要的方式是金鱼式，其最独特的特点是客户的好奇度较高（问询＞吸引）。金鱼式的客户路径通常出现在企业对企业（B2B）的业务中。

在购买金鱼式行业的产品时，客户通常在购买前考虑多种因素。客户通常会先问问题，从第三方获取建议，并和竞争的品牌产生很多交流，最后才决定购买。在许多情况下，竞争品牌，尤其是主要的竞争品牌，都被困在一个高度商品化的行业中，广告几乎不起作用，因此吸引力很低。竞争者通常无法展现并突出自己的与众不同，最终只能采用和其他品牌类似的方案。因此，客户通常会花费大量时间对比产品优劣，寻找最佳的一款。

购买过程通常十分漫长，涉及众多利益相关者，他们的利益需求也不尽相同。大多数情况下，买家是复杂的采购组织，有着产品知识储备丰富、采购能力强的团队。买家和卖家通常都非常专业，少数卖家向少数买家销售。因此，他们在问询阶段所做的研究和比对通常十分彻底，对竞争品牌的评估结果也通常十分相似。许多情况下，客户亲密度才是决定性因素。

金鱼式行业的例子比较少，但也不是没有，在企业对消费者（B2C）市场模式中就能找到其踪迹，尤其是那些参与度高、价格点高、商品化程度高的行业。比如旅游业，在家庭旅游时，购物的决策由家长和孩子等多人决定，过程也十分漫长。问询程度较高还体现在客户路径里对利益和成本对比的过程中。

模式3：喇叭式

第三种模式是喇叭式，通常体现在豪车、名表、名牌手袋等生活奢侈品中。这种模式的独特性在于产品高度的亲和力：购买喇叭式产品的客户通常信任品牌的质量，因此即使在不购买、不使用的时候，他们也会推荐和拥护品牌。换句话说，拥护者的数量比实际购买者的数量要多（拥护＞行动）。

在购买喇叭式产品时，客户高度参与购买决策，但他们的对比和评估过程却相对简单，这是因为这一类别的品牌通常已经在质量方面有独特而强大的声誉。这种对质量的认可通常是长期的较好口碑换来的。喜爱特定品牌的人通常在社区内建立联系，他们也通过客户社区影响潜在的购买者。

由于价格高昂，许多爱好者无力购买这一类别的产品但仍然十分感兴趣，他们愿意向他人推荐这些品牌。即使他们日后买得起这些品牌了，可能也买不到。这一类产品通常是专营的，这种稀有性吸引了潜在的客户，其营销人员也就不会把重点放在扩展渠道的工作上了。

尽管大多数的包装消费品都是门把手式的，但其中的非处方药（OTC）通常属于喇叭式。非购买者愿意在目前不用的情况下推荐他们信赖的品牌。OTC 的喇叭式和生活奢侈品的喇叭式的本质区别在于拥护者没有全员购买的原因。在购买生活奢侈品时，重要的是买得起、买得到。购买 OTC 时，一些客户推荐某些品牌的药，但他们当时本身并不需要这种药；等需要的时候，他们知道应该买什么品牌。

模式 4：漏斗式

第四种主要的模式是传统的漏斗式，其中大多数的购买行为都是有计划的，客户也高度参与到购买决策中。事实上，这也是唯一一种需要客户经历 5A 过程中每一个阶段的模式。客户会咨询自己感兴趣的品牌，如果得来的信息让他们满意的话，他们就会最终买下。他们只有在亲身使用了之后才会拥护某种产品。漏斗式通常出现在耐用品和服务行业中。

在这一类别中，客户会经历 5A 过程中每一个阶段，也就可能在任何一个阶段退出，这时整体的客户体验也就变得十分重要了。由于客户希望沉浸在购买和使用体验中，整体的客户体验丝滑也就尤其重要。因此，门把手式的品牌定位可能比较简单，而漏斗式的品牌定位则必须深植于客户体验中。漏斗式的品牌必须能够协调好广告（了解和吸引）、网站和客服热线（问询）、销售渠道（行动）和售后服务（拥护）等多种触点。

尽管在漏斗式类别中，品牌切换不频繁，但客户一旦有了几次较差的体验，就可能会考虑其他品牌甚至换更高端的品牌。由于客户一直想要的是更好的体验，漏斗式类别的品牌也就最容易受到技术创新的影响。我们在第 4 章已经讨论过：较大的技术创新，尤其是高新技术相关的，通常发生在客户体验期望值较高的行业，比如耐用品和服务行业。因此这类品牌应该关注满足客户期望和客户体验的改变。

模式 5：领结式

前面提到的 4 种客户路径模式都有其各自的优点和缺点。我们结合了 4 种模式的优点，打造了一种理想的客户路径模式，这种模式的模型图因像对称的领结而得名（见图 7-2）。

领结式反映了完美品牌应该有的关键要素。在面对领结式品牌时，了解品牌的人基于其长期以来积累的声誉愿意推荐和拥护品牌。这意味着 BAR 数值为 1（了解 = 拥护）。此外，品牌的影响力很大，慕名而来的人最终都愿意购买（吸引 = 行动）。被品牌吸引的人不会都继续研究品牌，这体现了客户明确的定位和适当的好奇心。门把手式、金鱼式、喇叭式、漏斗式都应该努力缩小与这种理想模式间的差距。

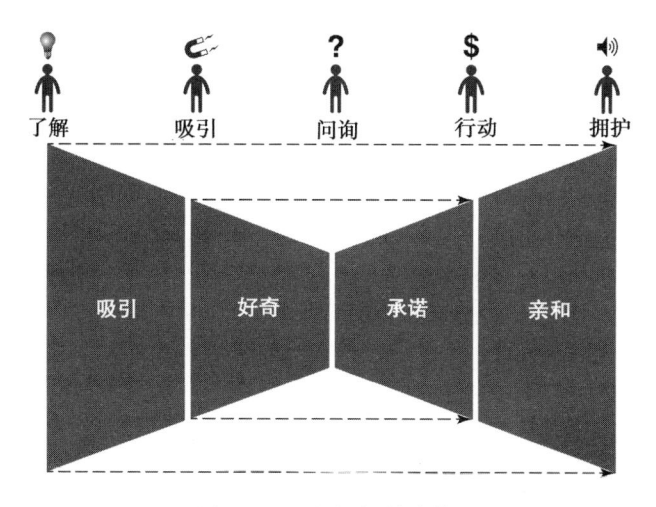

图 7-2　理想的领结式模型

将领结式叠加在其他模式上，我们就能发现其他模式的差距和改善的可能。门把手式客户路径的品牌可以通过建立售后参与机制提高品牌亲和力，而这正是许多包装消费品品牌在客户"朝三暮四"的情况下所处的困境。喇叭式则需要让客户都买得起，提供更多买得到的渠道，特斯拉和其他奢华而有抱负的品牌都需要做到这些。

漏斗式客户路径的品牌则需要改善购买承诺状况及亲和力。这一点正是许多耐用品和服务品牌平衡销售和售后服务的问题所在。金鱼式客户路径的品牌面临的任务最繁重，它们不仅要让更多客户承诺购买，增强品牌亲和力，更要吸引更多客户。

在 B2B 领域，营销人员面对的往往是懂行的客户，他们的任务自然也就最重（见图 7-3）。

门把手式
增加品牌亲和力

喇叭式
吸引更多客户承诺购买

漏斗式
让更多客户承诺购买，增强品牌亲和力

金鱼式
吸引更多客户，让更多客户承诺购买，增强品牌亲和力

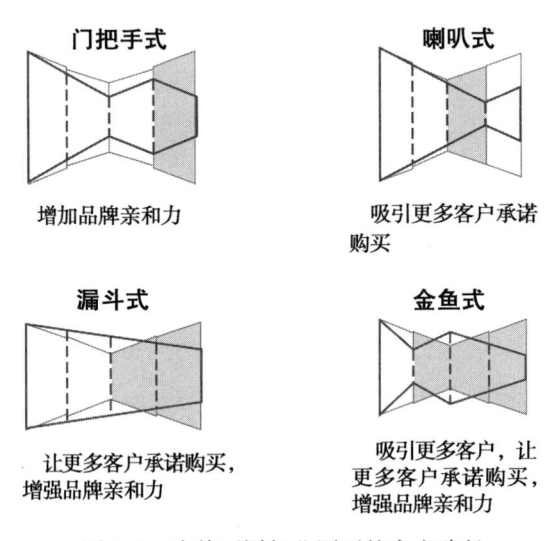

图 7-3　改善不同行业原型的客户路径

四种模式的最佳营销手段

营销人员可以根据 BAR 区分行业模式，BAR 代表着客户愿意推荐品牌的程度。当 BAR 中位数较低时，客户通常不愿意推荐品牌，在这种行业中，口碑营销和社交媒体营销都行不通。当 BAR 中位数较高时，客户就更可能愿意推荐一种或者多种产品，在这种情况下，口碑营销和社交媒体营销就十分有效。

BAR 范围，即 BAR 最高值和最低值之差，是衡量行业的一个有趣的指标。BAR 范围越宽，口碑优势就越大。BAR 高的品

牌领先于 BAR 低的弱势品牌。BAR 高的品牌有着较好的声誉，更容易被客户考虑在内，其优势十分明显。这种情况下"拉"的营销手段效率很高。BAR 低的品牌反映了品牌竞争的劣势。这种情况下"推"的营销手段效率更高。值得注意的是，BAR 所反映的市场占有率却不会总是反映在市场份额占有率上，反之亦然。

我们以 BAR 中位数和 BAR 范围为轴，将行业分为四种类型。在 BAR 中位数高且范围宽的行业中，客户通常愿意推荐几种行业领先的品牌。这种情况下，成功的关键就是品牌管理，即良好的品牌定位并通过营销传播对其执行。包装消费品类别是这个群体的一个缩影：客户可以从宝洁和欧莱雅这样的包装消费品领先企业学习最先进的品牌管理经验。

在 BAR 中位数较高但范围较窄的行业中，即使没有哪一家的 BAR 遥遥领先，客户也愿意推荐特定的品牌。这一类别通常是本土小众品牌或者高度碎片化市场里同样具有较强竞争力的品牌。关键市场的渠道便捷性和产品可供性往往是获得成功的关键，因此，品牌成功的关键是良好的渠道管理，即为客户提供全渠道，促进他们购买。这一类的代表是零售业。百货商店、专卖店、电子商务网站一直都享受着客户的大力拥护，梅西百货和亚马逊这样的企业是营销人员学习的典范，让他们学习通过传统媒体和数字媒体招揽客户的方法。

在 BAR 中位数较低而范围较宽的行业中，客户尽管有时候会拥护行业领先的品牌，却通常不会推荐品牌。客户通常很少关注这些品牌，使用时好的体验和坏的体验基本是平衡的。行业领先的品牌通常能比其他的品牌带来更优质的服务和更高的客户亲密度。航空行业就是这一类的典型，Skytrax 咨询调查公司选出的世界十大航空公司中，来自中东和亚洲的卡塔尔航空和新加坡航空都提供了独特的服务。它们成功的关键正是服务管理，即优化服务过程、管理服务人员、改善服务实体。

最后一种则是有着较低 BAR 中位数和较窄 BAR 范围的行业了，这些行业竞争很激烈，客户也很少会推荐产品给他人。由于他人的口碑在这一行业中基本不发挥作用，各品牌必须努力把产品和服务推向市场。因此其关键就在于销售力管理，即管理销售人员的销售行为，推进有效的销售活动（见图 7-4）。

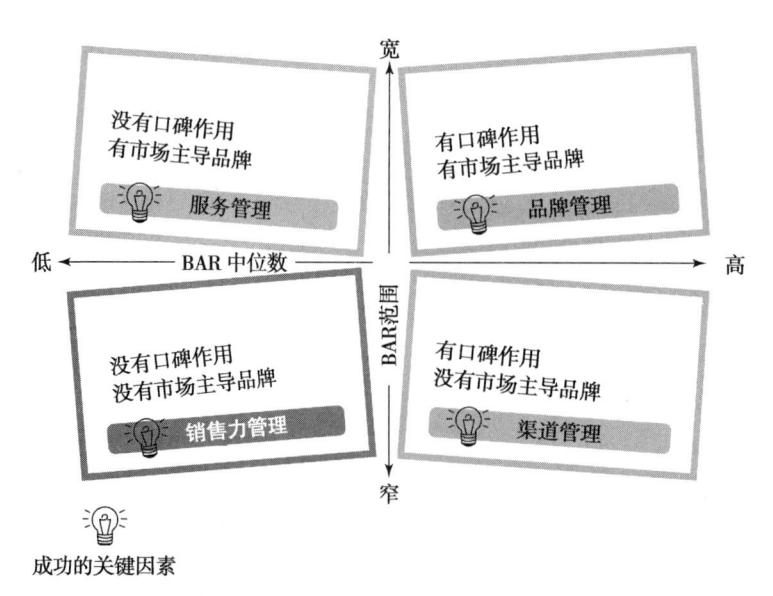

图 7-4 向四个行业的最佳实践学习

这种分组方式不是静态的。随着技术融合和创新的驱动，行业之间的高墙正在倒下。营销人员需要时刻警惕行业的浪潮，并随之调整营销的策略。

总结：学习不同的行业

我们研究了 5A 框架下不同阶段的转化率，并将不同行业分为以下四类："门把手式""金鱼式""喇叭式""漏斗式"。不同的行业属于不同的模式，其客户行为模式和带来的挑战也不尽相同。我们还根据 BAR 的中位数和范围，对行业进行分类，四种分类每一种都代表着独特的一种营销实践手段：品牌管理、渠道管理、服务管理、销售力管理。

反思和问题

- 你的行业最像哪种原型？基于这种模型，你的业务最有可能提升的阶段是什么？
- 你的行业最关键的成功因素是什么？你如何借鉴其他行业的经验？

MARKETING 4.0

PART 3
第三部分

策略营销在数字经济中的应用

MARKETING 4.0

第 8 章

以人为本的营销，提高品牌吸引力

打造朋友一样可信的品牌

近些年的营销学文献都将客户描述成最重要的参与者，但他们忽略了客户的人性面。这种人性在数字时代尤为明显，因为客户并不完美，常常受到商业骗局的困扰，所以会选择建立社区强化自身地位。

营销人员需要顺应这种趋势，创造像人一样的品牌——可亲的、可爱的，但也是脆弱的。品牌应该不再那么令人生畏，而应该真实、诚信、承认缺点、避免装作完美。以人为本的品牌的核心价值是把客户当作朋友，并旨在成为他们生活方式中不可或缺的一部分。

在《营销革命3.0》中，我们将以人为本的营销视作以消费者为中心的营销（营销2.0）和以产品为中心的营销（营销1.0）

的下一阶段。在以人为本的营销中，营销人员眼中的客户是具有独立思想、心灵和精神的完整个体，营销人员不仅会满足客户的功能和情感需求，还会服务于他们的潜在需求和渴望。

在迈向数字时代的营销 4.0 时，我们希望以人为本能变得更重要。营销人员需要进一步去感受这种营销，试想一下，假如人工智能和机器人像智能手机一样进入人类的日常生活，产生自动化工厂、自动驾驶、声控家居机器人、机器人医生和机器人律师等新兴事物，世界将会怎样？许多专家学者都认为到 2025 年就会出现这样的景象。在这种情况下，客户将比以往更加急切地寻找自身的定位，并提出这样的疑问：数字世界里的人类意味着什么？

我们认为以人为本的营销仍会是数字时代打造有吸引力的品牌的关键，因为人性化的品牌将会脱颖而出。首先我们要挖掘客户最潜在的渴望和需求，这要求我们认真倾听，并对所谓的数字人类学进行沉浸式研究。在客户的人性面已经被挖掘之后，是时候探索品牌的人性面了。品牌需要展示能够吸引客户并建立人与人之间联系的人性特质。

用数字人类学视角理解人类

数字人类学关注的是人性和数字技术之间的联系，探索的是人与数字界面的交互、在技术环境中人的行为、技术在人与人交互中的应用。它也可用于理解客户在数字时代理解品牌的方式和品牌吸引客户的要素。

这个专业在人类学中的历史还比较短，但最近它在发掘市场方面的应用使其迅速被营销人员所熟知。在以人为本的营销背景下，数字人种学提供了一种强大的方式来发现潜在的人类焦虑和欲望，品牌应该解决这些问题。已经被营销人员普遍使用的几种方法包括社群聆听、网络志和同理心研究。

社群聆听

社群聆听是对互联网，尤其是社交媒体和线上社群中品牌风评的主动观测，通常采用社交媒体监测软件对社交对话中大量未处理的信息进行过滤，选出有用的客户情报。大数据分析通常被用于社群聆听。

社群聆听是一种对内容营销的评价，旨在对品牌传播的内容展开的对话进行评估（见第 9 章）。它也是一种社交销售中发现机会、了解前景的实用工具（见第 10 章）。社群聆听也常被用于社会化 CRM，以识别包含抱怨或负面情绪的对话，以及其他导致品牌危机的可能（见第 11 章）。如果营销人员能够跟进有关他们和竞争对手品牌的社交对话，社群聆听就会成为获取竞争情报的有效工具。

除了这些应用外，社群聆听在市场调查中也至关重要。在传统的市场调查中（比如说面对面访谈、电话调查、线上调查等），客户往往不会告诉营销人员他们的真实想法和做法，实际上就算他们想，也往往无法清楚地传达。还有，传统的小组式市场调查方法（比如焦点小组）常常无法捕捉客户所在社群中发生的社交动态，而社群聆听却能做到这一点，它能让客户更自在、更开放地同其他客户谈论自己的所想所为。客户所在环境中发生的自然对话让他们得以表达自己最深的渴望和需求，因此，社群聆听真正地捕捉到了各个社群的社交动态。

网络志

网络志是关注互联网的人种志，它由罗伯特·柯兹奈斯（Robert Kozinets）提出，利用人种志方法研究人在数字部落和线上社群的行为。网络志和人种志相似，希望通过"无声"的方式进入人类社群，在不引人注目的前提下进行研究。

网络志和社群聆听之间的关键区别在于网络志通常需要研究者以网民的身份积极参与到社群中。网络志研究者加入社群，融入人际关系，参与对话，与成员形成共鸣。因此，网络志本身就是市场调研过程中的一种人与人的交互。

许多情况下，网络志是社群聆听的下一阶段。社群聆听能有效地帮助网络志研究者确认需要参与的社群，这些有着丰富研究资源的社群通常是由客户本身，而非企业所主导的，其关注的主题是特定的，流量和活跃人数都十分可观。多数情况下，网络志研究者最终必须展现其目的并征求社群成员的同意。

社群聆听通常使用社交媒体监控软件自动形成数据评估，而网络志要求研究者综合自己的研究成果。网络志要求研究者反思观察到的内容和作为社群一分子的个人感受。因此，网络志要求研究者具有高度的同理心，以及并非所有人都具备的一系列技能。

同理心研究

同理心研究是以人为本的设计（HCD）的先导，是由IDEO和Frog等设计公司引领的一种方法，在研究过程中涉及人的视角和同理心。它通常包括参与式观察和沉浸在客户社群的环境中，其目的是发掘客户的潜在需求。同理心研究不同于社群聆听和网络志，需要的是亲身观察、对话、头脑风暴，以及研究者和社群成员共同合作，并形成最相关的观点。因此，同理心研究是最接近传统人种学的方法。

为了保证一个综合且丰富的人文研究视角，研究过程通常需要多学科团队的参与，包括心理学家、人类学家、产品设计师、工程师、营销人员等。团队成员通常亲自参与到客户社群，观察他们的悲喜。每一个成员都有不同的背景，其结论也各自不同，因此团队成员需要利用一系列头脑风暴整合自己的发现。通过这种方法形成的观点通常会带来新的产品开发、客户体验、品牌活动，这会让客户惊喜不已。

成年社群就是一个例子。万通和IDEO联合开展了一项同理心研究，得出的结论是，千禧一代内心深处都想掌握一定的财务知识，因此两家公司联合创办了成年社群，为千禧一代提供私人课程和财务咨询服务，环境新潮、放松、让人安心，就像在咖啡厅一样。同时这里还提供电子工具帮助百万富翁进行财务规划。其最终的目的是将财务规划变成千禧一代的社会和网络生活中不可或缺的一部分。

打造以人为本的品牌的六种属性

以人为本的营销至关重要的第一步，是通过数字人种学了解客户的人性面，以及展现品牌人性化的特点来吸引客户。

斯蒂芬·桑普森（Stephen Sampson）在《无冕之领袖》（*Leaders without Titles*）一书中，将那些尽管地位不优于他人，但拥有吸引他人的六种属性的人称为有远见的领袖。这六种属性包括体力、智力、社交能力、热情、个性和道德。这六种属性塑造了一个完整的人、一个典型的榜样。品牌想要不逾矩地做客户的朋友，就必须也具备这六种属性。

物质吸引力（对应体力）

外表有吸引力的人往往比他人有着更强的影响力，因此同理，想要影响顾客，品牌也要有物质吸引力，这种吸引力能让不够完美的它们脱颖而出。

对品牌来说，物质吸引力可以来自精心设计的 Logo 和别出心裁的广告语等。谷歌和 MTV 的动态 Logo 组合让它们不再依赖于静态的文字，变得更加灵活。应用谷歌涂鸦，这家公司总能用全新的 Logo 纪念不同的人和事件。

物质吸引力也可以是精美的产品设计和优秀的客户体验设计。以苹果公司为例，苹果公司不仅在产品设计方面领先其他公司，在用户界面设计上也是首屈一指。它的用户界面设计十分简洁，即使不是资深网民也不会被难倒；它的商店设计也同样是零售行业的榜样。

智力

智力是人类获得知识、思考、产生想法的能力，它与打破常规的思维方式和创新能力密切相关。有着"高智力"的品牌要有创新性，还应该能发掘不同于以往商家和客户所见的服务和产品，进而展现其有效解决客户问题的能力。

特斯拉在最开始启用著名发明家尼古拉·特斯拉的名字时，就承诺将尊重其名字，不断创新。特斯拉果然没有让人们失望，它靠着电动汽车、汽车分析和自动导航技术，成为创新领域的排头兵。特斯拉的"高智力"让它无须广告就能吸引大批粉丝。

优步和爱彼迎这样的新兴企业也通过提供连接客户和服务供应商的服务，展现了自己的智慧。优步和爱彼迎作为共享经济的两大拥护者，是客户心中的"聪明"品牌。

社交能力

拥有良好社交能力的人在与人交往时充满自信，言行举止间都展现出良好的语言和非语言的交流技巧。与之相似，社交能力强的品牌敢于和客户展开对话，听取客户的意见，了解客户间的对话；它们回答客户问询并解决客户投诉。这些品牌往往能通过多种媒体渠道定期与客户沟通，它们在社交媒体上推送的内容吸引了客户的关注。

举例来说，Denny's餐厅就打造了一个可亲、有趣、招人喜爱的品牌社会形象，它定期在推特上发送幽默的评论和笑话，深受人们喜爱并引起转发，这让品牌显得十分人性化。Denny's餐厅成为人们可以亲近的朋友，也就自然获得了很多良好的口碑。Zappos也是一个十分善于社交的品牌，客户可以像朋友一样和Zappos的客服人员打几个小时的电话，讨论鞋子和其他事情，它最长的客服电话纪录时长为10小时43分钟。

热情

那些能够在情感上与他人建立联系来推动自己行动是非常强大的影响者。能够唤起共鸣的品牌自然会获得客户的青睐，它们有时通过振奋人心的消息推送与客户达成情感联系，有时则用诙谐的一面吸引客户。

多芬就是一个情感充沛的品牌。作为一个人性化的品牌，多芬通过鼓励女性爱自己、欣赏自己真正的美丽，呼吁人们关注关于女性自信的社会问题。多芬用超过十年的大众营销，成功地与全世界的女性达成了情感共鸣。

多力多滋（Doritos，百事的一款薯片产品）则在美国第50届超级碗"超声波"广告特辑中做了截然不同的示范。广告中的女性正在做孕期超声检查，而她的丈夫却在吃多力多滋薯片，广告最终以婴儿出生就想吃多力多滋薯片的结局结束。其反响也十分两极化，有的人认为它十分好笑，有的人则认为这令人不适。此外，一项人脸识别技术表明，广告最易让人有情感共鸣，且这种情感是多种多样的。

个性

个性鲜明的人往往有着自我认知，清楚自己擅长什么，也承认自己仍然需要学习，并展示了自信和自我提升的动力。同样，有着强大个性的品牌清楚地明白自己的立身之本，但它们也不害怕去暴露缺点并为自己的行为承担全部责任。

举例来说，美国户外品牌巴塔哥尼亚（Patagonia）拥有象征社会和环境适应力的品牌精神，并力图减少商业运作对环境和社会产生的负面影响。它的"足迹记事"让客户可以追溯产品的原产地，见证产品的社会和环境足迹。它有信心去诚实地展示并不完美的业务流程和对环境仍存在的伤害，但也会展示自己改善的决心。

达美乐比萨公司是另一个例子。2010年，它大胆地承认其产品的不足。在广告中，达美乐比萨公司公开分享了客户对产品的反馈，作为回应，它改良了比萨配方，将新配方的比萨提供给批评者。这种勇敢承担责任的态度，使品牌显得更加人性化。

道德

道德良好是指品格高尚且有诚信。品格良好的人有能力分辨是非，更重要的是，他们有勇气去做正确的事。与此相似，具有强烈道德感的品牌是价值驱动的，将道德准则考虑进商业决策的每个环节中。事实上，有的品牌将有道德的经商之道视为核心竞争力，即使是消费者行为不当，这些品牌也能坚守承诺。

比如说联合利华，它就在2010年启动了联合利华可持续发展计划，旨在到2020年将商业规模翻一番，同时将环境足迹（对环境的负面影响）减少一半；将改善数百万人的生活质量，提升超过10亿人的幸福感。这种自上而下的企业道德准则激发了企业创造更多人性化品牌的决心。比如家乐（Knorr）帮助尼日利亚对抗营养不良问题，和路雪（Wall's）在印度鼓励小企业创业的举措，以及奥妙（Omo）在巴西开展的节水活动。

总结：当品牌有了人性

在以人为本的时代，越来越多的品牌积累了更多的人的特性，这需要品牌通过社群聆听、网络志和同理心研究发掘客户内心最深的需求和渴望。品牌要打造人性化的一面，才能更好地满足这些需求和渴望。人性化的品牌应该具有物质吸引力、智力、社交能力、热情、个性和道德。

反思与问题：

- 你的客户最深切的焦虑和渴望是什么？
- 你的品牌有人性化的特质吗？想让品牌更加人性化，你有哪些措施？

MARKETING
4.0

第 9 章

品牌内容营销，引发客户好奇心

展开引人入胜的对话

内容是最新的广告，# 标签是最新的标语

简单来说，内容营销就是包含创造、组织、分发和放大内容的营销方法，这些内容要有趣，与客户相关，对客户有用，其目标是与特定的客户群体展开关于内容的对话。内容营销也被视作品牌新闻和出版物的另一种形式，能在品牌和客户间营造深度关系。内容营销做得好的品牌，能提供给客户高品质的原创内容和品牌生产过程中的趣闻。内容营销让客户从品牌拥护者转变成品牌故事的讲述者。

在今天，大多数企业都将内容营销玩到了一个新的高度。内容营销协会和 MarketingProfs 所做的一项调查显示，2016 年

北美76%的B2C企业和88%的B2B企业都采用了内容营销。B2B企业在内容营销花费上的预算有28%，B2C企业则为32%。营销人员认为内容已经成为新的广告，通过社交媒体传播内容时使用的标签则扮演了传统标语的角色。

近些年内容营销一直是个热词，也一直在被人们当作数字经济中未来的广告。互联网的透明性催生了内容营销的想法，互联网的连接性则让客户可以看到品牌的真实面貌。今天的营销人员需要跨过的最大的坎就是：客户对广告的内容往往不会照单全收，他们更愿意向亲人和朋友征求中肯的意见。客户会通过向所在社区的亲友问询，亲自弄清楚品牌声称的内容是否属实。

营销广告缺乏吸引力的事实对营销人员来说无疑是雪上加霜。营销人员的关键任务是传达品牌所提供的价值主张。付费媒体上能够承担的时间和空间有限，营销人员在通过广告传递复杂信息时变得非常有创意，不会让客户不知所措。但今天的客户往往觉得品牌的价值主张无关紧要，不值得重视。

社交媒体在这种转变中扮演了重要的角色。过去的客户通过广告在内的传统媒体接收各种各样的信息，没有选择内容的权力。是社交媒体改变了这一切，让客户可以自主生成更加可信、有吸引力的内容。社交媒体内容的自发性和客户可以按需获取让其活力十足，因为客户可以随时随地选择自己需要的内容。

社交媒体上的广告无法打断客户浏览内容的过程。举例来说，YouTube的视频广告可以在观看5秒后跳过，这在广告界开启了不爱看就跳过的先例，被人们称为"在可以跳过的世界5秒挑战"。品牌和广告商要是不能在广告的前5秒抓住眼球，也就没法抱怨客户跳过广告的行为了。

这一现象也适用于社交媒体上的品牌内容和赞助内容（品牌通过非常规的广告形式提供的内容）。客户要是认为这些内容跟自己不相关，就不会在上面浪费时间。事实上，YouTube上观看次数最多的视频和订阅次数最多的频道，其内容都是用户制作的，而不是品牌方的内容。

尽管面临着重重挑战，营销者仍然意识到了社交媒体的价值，它们给营销人员带来了机会，让他们可以跳过传统的媒体中介，直接和客户进行交流。传统的媒体做的是信息的广播，而社交媒体却能带来更多的对话。这种双向的方式更加有效，成本也更低，因此更多的企业和品牌都开始通过社交媒体上的内容营销去弥补传统广告的不足。这种行为的目标是最终营销传播的自媒体，减少对传统媒体的依赖。

然而问题在于，营销人员常常将内容营销视为广告的另一种形式，而将社交媒体视为另一种形式的广播类媒体。有的营销人员对广告内容不加修改，就照搬到社交媒体上，把它看作广告的较长版本。

我们认为营销人员需要一种新的思维，内容营销的确可以被看作一种新的广告，但两者的本质却截然不同。广告是品牌销售产品和服务过程中所需传达的信息，而内容包含的则是客户达成自我和工作目标所需要的信息。

2015 年，一项基于 YouTube 上成千上万的 TrueView 广告进行的研究表明，客户不会跳过含有故事、人脸和动画要素的广告；同时，在前 5 秒加上品牌 Logo，虽然能够增加品牌的吸引力，但也会减少广告的观看时间。营销人员需要明白，他们眼中的好内容不一定是客户眼中的好内容，而最终，对好内容的定义，客户说了算。

品牌想要一直吸引客户，就需要时不时地发布那些不会直接对品牌产生贡献、促进销量的，但是对客户有价值的内容。

举例来说，嬉芒网（Hipmunk）是一家线上旅游公司，它的内容营销策略是提供一本叫作《顺风》（*Tailwind*）的旅游杂志，为客户带来旅游常用的信息。比如，这本杂志刊登了一篇名为《英国脱欧对夏日游意味着什么？》的文章，讨论了英国脱离欧盟对美国游客的影响。还有一些栏目会提供诸如世界各国小费标准和主要航线的行李规定等有用的信息。

最有趣的是，嬉芒网还开发了一款人工智能的旅游管家，让客户不用事先做攻略就能出游。客户只须向 hello@hipmunk.com 发送邮件，表明旅游意向，就会收到有关旅游推荐的信息反馈。客户如果授予嬉芒网软件访问谷歌日历和旅行地位置信息的权限，就会收到景点信息的推荐。由于旅游业属于"金鱼式"类别（见第 7 章），其问询度很高，因此嬉芒网所提供的内容就大大减少了客户做攻略的需要，让客户进一步接近"领结式"类别的体验。

按部就班的内容营销

本质上，内容营销包括内容创作和内容传播两部分。有效的内容营销活动要求营销人员在内部创建原创内容或者从外部资源中精心挑选内容，并通过最佳的渠道对内容进行传播。然而，内容营销策略中最常见的缺陷就是不进行前期和后期活动就直接开始创作和传播。接下来我们列出了营销人员需要遵守的内容营销八步。营销人员需要在每一步都做好检查后才能进入下一步（见图9-1）。

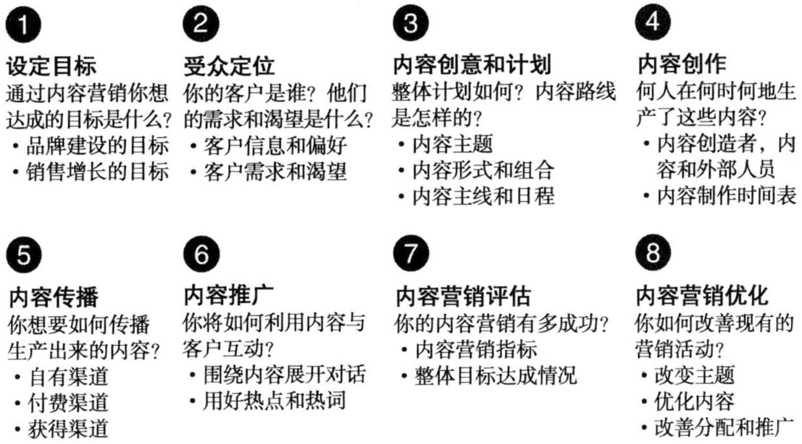

❶
设定目标
通过内容营销你想达成的目标是什么？
- 品牌建设的目标
- 销售增长的目标

❷
受众定位
你的客户是谁？他们的需求和渴望是什么？
- 客户信息和偏好
- 客户需求和渴望

❸
内容创意和计划
整体计划如何？内容路线是怎样的？
- 内容主题
- 内容形式和组合
- 内容主线和日程

❹
内容创作
何人在何时何地生产了这些内容？
- 内容创造者，内容和外部人员
- 内容制作时间表

❺
内容传播
你想要如何传播生产出来的内容？
- 自有渠道
- 付费渠道
- 获得渠道

❻
内容推广
你将如何利用内容与客户互动？
- 围绕内容展开对话
- 用好热点和热词

❼
内容营销评估
你的内容营销有多成功？
- 内容营销指标
- 整体目标达成情况

❽
内容营销优化
你如何改善现有的营销活动？
- 改变主题
- 优化内容
- 改善分配和推广

图9-1 内容营销八步走

第一步：设定目标

在踏上内容营销之旅前，营销人员需要明确自己的目标。目的地不清晰的话，很有可能在内容创作和传播时迷路。营销目标需要与整体业务目标一致，并转化为关键指标，然后再根据这些指标来评估内容营销。

内容营销目标应该分为两大类：第一类是与销售相关的目标，包括线索挖掘、交易达成、交叉销售、追加销售和销售咨询；第二类是与品牌相关的目标，包括品牌知名度、品牌联想、品牌忠诚度。大多数内容营销者都有这两种类别的多种目标。内容营销协会透露，在北美最有效的B2C企业的内容营销人员将品牌知识度、忠诚度和参与度视为关键目标。B2B企业的内容营销人员更强调以潜在客户的线索挖掘和销售作为关键目标。

明确的目标可以让营销人员更好地设计内容营销策略。如果目标与销售相关，营销人员就要保证内容传播渠道与销售渠道一致。Birchbox是一家线上美妆产品订购服务商，它曾经发布了一段关于养护头发秘诀的视频。为了实现销售目标，Birchbox在视频窗口的旁边放置了"买下这个故事"的按钮，让感兴趣的顾客点进去，购买视频中的产品。

如果与品牌相关的目标更重要，营销人员就要保证营销内容与品牌特征相符。举例来说，高露洁的"口腔护理中心"让人们一想到高露洁就会自动联想到口腔专家的形象。在印度，高露洁的口腔护理中心应用帮助牙医与潜在客户建立联系，进而在这两个受众群体中都大大地提升了品牌形象。

第二步：受众定位

一旦目标清晰了，营销人员就需要决定品牌关注的受众。营销人员不能仅仅将受众定义为"我们的客户""年轻一代""决策者"等笼统的形象。通过细分受众群体，营销人员可以创造更细致深入的内容，讲好品牌故事。

与传统的市场细分一样，受众群体可以有几种分类方式：地理、人口、心理和行为，最终的分类往往是依据客户行为进行的。道格拉斯·霍尔特（Douglas Holt）建议，内容营销人员应该关注某些亚文化群体感兴趣的主题（比如家庭教育、3D打印、观鸟和健身）。这些群体倾向于聚集在社区中，自发地进行内容传播。大多数的亚文化群体都会被新奇的、非主流的话题吸引，因此内容营销者应该在观察时找出不同寻常的内容。此外，大多数的亚文化活动者是有影响力的人，他们会帮助扩散内容。

在定位了受众群体后，营销人员需要对他们进行描述和分析，从而更好地联想现实生活中受众的特征，并通过研究调查，对受众的需求、渴望、痛点进行发掘，了解他们对内容的特定需求。营销人员带来的内容应该能够满足客户的这些需求和渴望。

举例来说，爱彼迎致力于为客户提供贴近本地人生活的旅游体验，而不是传统的游客式旅游。因此爱彼迎给出了旅游热点的"本地化名单"，这本 PDF 格式的小册子描绘了本地人会做的事和会去的地方，尽管这仍然算是导游手册，它采用的却是本地人的视角。明确的受众定位让爱彼迎的内容变得更有吸引力。

第三步：内容创意和计划

下一步就是找出内容的创意，制订可行的计划。成功的内容营销活动需要结合相关的主题、合适的形式和切实的叙事。

营销人员在寻找主题时应该考虑两件事。第一，好的内容应该贴近客户的生活。信息这么繁杂，营销的内容想要不被忽略，就必须对受众有着特定的意义，帮助他们解决内心的渴望和需求。第二，有效的内容应该能够反映品牌的特性和准则，这意味着内容应该是连接品牌故事和客户需求的桥梁。营销的内容应该是品牌产生差别化并传承下去的手段，这也是营销 3.0 的终极目标。这要求营销人员深刻思考品牌的使命，也就是比价值更深层的追求。通用电气发现了科技发烧友和未来主义者的兴趣所在，推出了电子杂志 *Txchnologist*，并一直尝试为品牌打造有科幻色彩的故事。

营销人员还应该找出合适的内容形式。内容可以是书面形式的，如新闻稿、文章、通讯稿、白皮书、案例研究和图书，也可以是虚拟形式的，如信息图形、漫画、交互式图形、PPT、游戏、视频、微电影甚至院线电影。据内容营销协会报道，80%以上的 B2C 公司都使用插图、照片、电子通讯稿、视频、网文，而 80% 以上的 B2B 公司使用案例研究、博客、电子通讯稿、现场活动。

谷歌的研究表明，今天有 90% 的媒体互动是通过某种屏幕进行的，在这种多屏内容营销的趋势下，营销人员需要用多种形式来确保内容可以被受众看到。

在创意和计划阶段营销人员需要关注的另一点是整体的内容营销叙事。内容营销通常是片段化的，用不同的故事分支支撑整体的故事线。诚然内容营销往往在客户路径的早期阶段，尤其是吸引和问询阶段的效果更佳，但营销的内容仍应该贯穿整个路径。因此关键在于构建正确的组合和顺序。

第四步：内容创作

我们所讨论的一切活动都是为了最重要的一步，也就是内容创作本身。成功的内容营销人员都明白，内容的创作绝不是一份可以半心半意去做的兼职工作，它需要的是大量的时间和预算上的持续投入。如果内容的质量不够高，内容原创比例不够高、形式不够丰富，内容营销活动就会浪费时间，甚至会适得其反。

有些品牌会选择自己生产内容，比如美国运通出版社，它为富人提供了高质量的内容，包括《漫旅》(*Travel + Leisure*) 和

《美食与美酒》（*Food & Wine*）等刊物。当银行监管开始限制其发展后，该出版社被卖给了《时代》公司。

内容创作本身就算得上一项独立的业务。它要求营销人员按照那些有着许多编辑和作家的出版商的方式行事。能够在内部创作良好内容的企业应该保持高标准的新闻和编辑操守，而不能偏向自己的品牌，它们也应该向好莱坞制片人学习创造有趣和引人入胜的故事的能力。

内容创作没有确切的起始和结束时间，它是一个持续的过程，需要始终如一。因此，营销人员需要确保自己有着长期的从内部创作内容的能力。如果不能的话，就要考虑从外部获取助力了，其中最简单的方法就是外包给职业的内容生产者——记者、编剧、动画设计师、摄像师。

当然企业也可以考虑赞助第三方资源所生产的内容。《纽约时报》曾经指出一个令人惊讶的事实：读者花费在赞助广告和新闻上的时间其实是差不多的。万事达公司曾经发布过一篇关于赞助广告的文章，标题为"不度假的开销也很大"，详细讨论了没有假期的开支。又或者企业可以选择扶持用户创作的内容，比如喜力（Heineken）的创意啤酒厂，喜力邀请客户制作并分享视频和图片，重新定义未来的生啤畅享模式。

第五步：内容传播

内容的质量再高，倘若不能进入受众的视野也是没有用的。

在内容的海洋中，很多内容很容易在传播过程中就迷失了踪迹。营销人员需要通过合适的内容传播途径让客户发现自己的品牌。内容营销虽然诞生于数字时代，但并非人们所想的那样总是通过数字媒体的渠道进行的。有的内容形式和传播渠道都不是数字化的。就算是数字原住民的内容营销，也会涉及非数字化手段。Zappos 的《奉上幸福》和亚马逊的《一网打尽》都是非数字化内容传播的例子。此外，内容营销协会的研究表明，北美的 B2B 和 B2C 营销人员都承认，现场活动才是内容营销最有效的模式，因为现场内容营销所提供的人与人的交互是数字内容营销所无法提供的。

内容营销者主要使用三种媒体渠道：自有媒体、付费媒体和获得媒体（earned media）。品牌自有媒体包括其旗下和完全拥有的媒体渠道。品牌可以随时通过自有媒体渠道发布内容，包括公司出版物、公司活动、网站、博客、网络社群、电子通讯稿、社交媒体账号、手机通知和 APP 等，而这些媒体所面向的往往都是品牌已有的客户。就算这些媒体是免费的，搭建和管理它们也显然需要大量的内部资源。

品牌的付费媒体，是品牌为传播内容而付费使用的渠道，包括电子媒体、印刷媒体、户外媒体等传统媒体和数字媒体。在网络世界中，最常见的付费媒体包括广告牌、出版商联盟网络、搜索引擎推荐、付费的社交媒体投放和移动广告媒体。品牌依照媒体的印象数（内容的曝光次数）和行动数（用户实际完成点击、注册或购买等行为的次数）进行付费。付费媒体通常被用作吸引并获得新客户，扩大品牌知名度，为自有媒体带来流量。

品牌的获得媒体则包括品牌通过口碑或者客户所获得的曝光和提及。当内容质量很高时，客户会觉得有义务在社交媒体和社群内宣传，也就形成了品牌的口碑。强势的公共关系和媒体经营也能带来获得媒体的曝光度。获得媒体往往需要自有媒体和付费媒体的协助，才能产生这种免费的效应。

第六步：内容推广

想要最好地实现获得媒体的内容传播，关键在于内容推广。受众的条件各不相同，而如果内容到了目标群体的意见领袖手中，就会迅速传播开来。营销者要做的第一件事就是找出这些人，这些人往往是社群中受到尊敬的、拥有数量可观的粉丝的人物。他们自己通常就是内容的生产者，并通过长时间提供优质的内容积累了自己的影响力，是社群里公认的专家。

这些意见领袖所背书和传播的品牌内容往往质量并不一定尽如人意。这时候就是互惠主义发挥了作用，关键在于企业和品牌要同这些意见领袖形成共赢关系，保证意见领袖把这些内容视为提升影响力的手段。有的意见领袖还想要扩大自己的影响力，营销人员要做的就是为他们打开更大的市场。

一旦内容被推广开来，营销人员就要通过参与对话来跟进，聆听有关内容的对话。如果对话规模够大，媒体渠道够多，对话的影响力会是惊人的。因此营销者需要认真去选择参与的对话。

第七步：内容营销评估

内容营销成功与否的评估是内容传播后的重要环节，它包括对战略和策略执行的计量。从战略上来看，营销人员应该考虑内容营销战略是否实现了第一步中的与销售和品牌相关的目标。由于这些目标与整体的业务目标是一致的，因此评估简单明了，并可以与品牌的整体表现评估挂钩。

从策略上讲，营销人员还要评估关键的内容营销指标，而这些指标的选定取决于形式和媒体的选择。营销人员需要在社群聆听和分析工具的帮助下评价内容的表现。内容的评估指标有五类：能见度（了解）、相关度（吸引）、搜索度（问询）、行动力（行动）和分享性（拥护）。

能见度研究的是内容接收和知晓的情况，较为常见的指标有曝光度（内容被浏览的次数）、独立观众数（真正浏览网页的人数）、品牌回忆（回想起品牌名称的人数）。相关度衡量的是品牌引起客户兴趣的能力，其指标包括人均页面浏览量（人们在内容网站上浏览的页面数量）、跳出率（只访问一个页面就离开的人的百分比）、停留时间（每次访问的时长）等。搜索度通常研究的是使用搜索引擎的人是否容易发现内容。其中重要的指标包括搜索引擎位置（内容在关键词搜索后出现的位置）和搜索引擎推荐量（搜索引擎带来的网站访问数量）。

行动力是最重要的一类指标，它衡量的是内容引发客户购买行动的能力，其指标通常有点击率（点击次数和曝光度之比）、其他行动号召转化率（完成注册和购买等特定行动的客户的百分比）。营销人员最终要研究内容被分享的情况，也就是拥护的情况。分享性指标包括分享率（分享数量和曝光度之比）和互动率（举例来说，推特上的互动率是粉丝总数除以转发、收藏、回复和提及等分享性行动的数量）。

第八步：内容营销优化

内容营销相比于传统营销的关键优势在于它的高度可问责性。我们可以对其内容主题、内容形式和分配渠道的表现进行跟踪。业绩跟踪能够带来大大小小的机会，让企业可以分析并确定提升的机会在哪里。这也意味着内容营销人员能够简单轻松地用新的内容主题、形式、传播渠道进行营销实验。

内容的动态性决定了营销的提升也是阶段式的。营销人员应该衡量评估的结果以及未来的前景，并决定什么时候应该改变营销策略。然而，要明白，内容营销通常需要时间才能产生影响，因此坚持下去是很有必要的。

总结：用内容开展对话

越来越多的营销人员的工作重点正在从广告向内容营销转

移。我们需要改变思维方式，不能再一味地宣传品牌的价值信息，而是传播对客户有价值的信息。在内容营销的过程中，我们需要关注的是内容的创作和传播，优秀的内容营销也需要适当的前期制作和后期推广等活动。因此，营销人员想要同客户展开对话，需要完成内容营销的八个步骤。

反思与问题

- 你认为什么内容对客户是有价值的？
- 如何用你的内容讲好品牌故事？
- 你将如何实施你的内容营销战略？

MARKETING 4.0

第 10 章

全渠道营销，实现品牌承诺

整合传统和数字的媒体与体验

全渠道营销的兴起

请你想象一个场景：客户通过电视广告了解了一个产品，然后跑到附近的实体店体验产品，经过比对和咨询店员后，客户最终确定了产品的优越性，随后在网上搜索并以较低的价格买下这件商品。

再想象一下这个场景：客户通过网络广告了解到了产品，然后用手机在社交媒体上搜索更多的相关信息，然后访问产品比价网站进行快速的比较，最终他确定了产品的优越性，找到最近的实体店，买下了这个产品。

前一种场景叫作"展厅销售"（showrooming），而后一种则叫作"反展厅销售"（webrooming），两者都是数字时代常见的购物场景。客户越来越移动化和多平台化，不断地从一个渠道向另一个渠道流动，在线上和线下间切换，他们所期待的，是无缝连续的客户体验。但不幸的是，传统的营销渠道无法为这种转变提供合理的支持，它们往往相互孤立，各自有各自的目标和战略，这使得企业错失了绝佳的机遇。

营销人员进行销售和渠道交流时应该适应这种新的变化。数字时代的客户路径不总是直线式的，有时甚至可能是螺旋式的。此外，客户在购买过程中的触点往往是多样的。营销人员需要通过线上和线下渠道指引客户的每一步操作。只要客户想要购买，他们就要保证随时随地"在线"。

全渠道营销是指整合多种渠道，创造无缝持续的客户体验，这就要求打破渠道孤岛，统一目标和战略。这样才能确保线上和线下渠道齐心协力，促使客户做出购买的承诺。

全渠道营销的作用已经被证实，由国际数据公司所做的一项调查显示，全渠道买家实现的终生价值比单渠道的要高30%。梅西百货还发现全渠道买家的购买力是单渠道买家的8倍。一旦有了选择，决定购买时，又恰好能买到，客户的承诺就很容易兑现。

正因如此，处于行业领先地位的企业实行全渠道营销已经有些年头了。梅西百货是全渠道营销的代言人，它自2008年就开始实施这一战略了。梅西百货和沃尔玛这样的零售商最开始只将全渠道营销视作电子商务兴起的结果，而如今却将整合线上线下的渠道视为巨大的盈利机遇。作为回击，亚马逊也通过在西雅图开设实体店，并引入能自动订购家用商品的 Dash 按钮，尝试迈入实体市场。数据表明，全渠道营销规模增长迅速，这种趋势若能结合技术，就将很快把全渠道营销变为主流。

趋势 1：即时经济下聚焦移动商务

随着客户移动性和互联性的增强，时间已经成了他们生活中最稀缺的资源。他们选择的品牌都是获取方便、交易便捷的，他们期待企业能够即刻满足他们的需求，快递的速度往往和产品服务本身一样重要。在即时经济中，优步和爱彼迎这样可以连接买家和卖家的即时商家如雨后春笋一般出现。

有人认为这是因为手机的存在。没有什么比手机更加贴近客户的生活了，也没有什么渠道能像手机一样私密性强又便利。因此，随着新兴企业和品牌涌入市场，手机市场接纳它们的顺畅程度也是史无前例的。

据互联网零售商门户统计，2015 年美国移动商务占到了电子商务总规模的 30%，这代表着有越来越多的客户选择用手机购物，因此企业一定要将移动设备放在全渠道营销战略的核心位置上。

举例来说，英国宝马现在为客户提供了在线购车的服务，客户只须扫描户外广告或印刷品上的宝马汽车图片中的二维码，就能访问有关网站，了解产品详情，并完成购买，整个过程花费的时间只有 10 分钟。

同时，可穿戴设备将进一步促进这种趋势。同手机一样，可穿戴设备也是最为贴近客户的产品。实际上，客户每分每秒都戴着这些设备，这种亲密性让营销人员可以借此收集客户购买过程中的信息。据欧睿信息公司数据估计，可穿戴设备销售总额到 2020 年将超过 3.05 亿件，即时经济的步伐丝毫没有减慢。

趋势 2：将反展厅效应带入线下渠道

零售商店中，面对橱窗里琳琅满目的商品，客户却很难做出购买的抉择。营销人员要做的就是在嘈杂的环境中引导客户完成选择和购买。

类似信标、NFC、RFID 这样的传感器技术让反展厅现象走进了商店，解决了营销人员面临的难题。苹果商店、游戏驿站和梅西百货这样的零售商可以将信标策略性地布置在商场各处，信标可以通过蓝牙技术与客户的智能手机进行通信，近距离实现机对机的交互，信标允许零售商跟踪客户在商店中的位置。此外，零售商还可以了解客户经常访问的分店和逗留的时间；同时通过蓝牙设备向客户的手机发送定制化的信息。当零售商收集了大量的客户行为数据（比如购买记录）后，它们提供的内容就更具定制化，可以提升客户购买的可能性。

有时候，客户的确被这些定制化的信息打动了，但他们仍然会觉得有必要评估一下，所以就会上网搜索信息。如果信息

"证实"了他们的兴趣合理，最终他们就会购买。博柏利就在店内应用了传感器技术，为店内的衣服装上了 RFID 标签，客户穿上衣服后，就会激活穿衣镜，透过镜子可以看到产品的信息视频。法国的卡西诺超市则为产品贴上了 NFC 标签，客户用手机敲一下标签，就能了解到产品的细节。卡西诺超市还会促使客户直接完成购买过程，客户扫描一下标签就能把产品加到虚拟的购物车中并且结账。

使用机对机的交互连接性（物联网），可以发挥反展厅购物的简洁性和及时性，以改善线下的购物体验，让线下渠道用相关的数字内容吸引客户，例如产品细节和同行客户的评论，促成他们的购买。这种方式显著地改善了全渠道购物的体验，更帮助营销人员提高了销量。

趋势 3：将展厅效应带入线上渠道

在数字时代，客户无须费力，随时都能购买产品和服务，他们还能用丰富且可信的内容资源辅助自己进行决策。但线上渠道似乎永远都不能完全取代线下渠道，线下购物讲求的是运用五感亲身体验产品的优劣。尤其是零售购物，讲求的是生活方式和状态，人们在线下购物时期待的是看到别人和被别人看见，与他人交流。

营销人员可以采用展厅策略，将线下购物的优点引入线上购物。乐购的韩国分公司就是一个例子，韩国人的工作时长很长,他们常常会觉得到店里买东西太麻烦了,因此乐购在地铁站等公共场所建起了虚拟商店,繁忙的客户可以用手机上的"家+"APP扫描产品信息,在等车的时候就能购物。乐购会安排快递,在客户回家后把产品送过去。

宜家也一样,宜家意识到了客户想找到合适的家具往往很难,就用自己的 AR APP 和产品目录尝试解决这个问题。通过在家具的预定位置放置产品目录,客户就能够用手机上宜家的APP 扫描并预览家具的使用效果。

这种展厅策略让客户可以运用感官,在实体空间了解产品并购物,并且保持与他人的交流。这种方式为线上渠道带来了线下的体验,还解决了线上购物带来的其他问题。

用大数据分析优化全渠道购物体验

近些年,展厅购物和反展厅购物极大地依赖于手机和可穿戴设备等移动设备,因为这些设备是客户体验的主战场。除了作为用户界面之外,移动设备还是有效的数据收集工具。移动设备是连接数字世界和线下世界的桥梁,使营销人员可以了解消费者线上线下购物的全过程,这在过去是无法想象的。营销人员可以收集到的数据包括客户的人口统计数据、线下购物记录、网络浏览记录、社交媒体访问记录、产品和推送偏好、交易记录等。

营销人员如果能捕捉这些有用的信息,就能改善渠道的运营;了解了客户的去向和时间,就能优化商店布局和视觉设计;

确定了哪种促销活动更有效，就能有区分地推送，避免发送垃圾邮件；搞清楚客户当下所在的位置，就能给他们带来实时的服务；了解历史购物记录，就能预测客户未来会买什么。这些最后都会为营销人员提供预测未来客户需求和管理库存的机会。

想要提高销售额，整合品牌交互渠道，带来全渠道的整体体验，营销人员就要搞清楚移动商务、展厅购物和反展厅购物这些热门的趋势。

按部就班的全渠道营销

想要制定一个好的全渠道营销策略，营销人员需要更加细致地看待客户路径，标出 5A 过程中所有可能的渠道和触点。由于触点和渠道的组合多种多样，营销人员需要找出最流行的组合，全渠道的营销也应该关注这些最流行的渠道的整合。

第一步：描绘客户路径所有可能的触点和渠道

制定全渠道的购物战略，第一步就是描绘 5A 过程中所有可能的触点和渠道（见图 10-1）。触点是在整个客户路径中，每一种线上线下、直接与间接的、客户与品牌或客户与其他客户交流品牌相关内容时的互动活动。通常我们将触点描述为 5A 过程中客户的具体行为，比如说在了解阶段的客户触点就包含了解产品，而在行动阶段就变成了购买产品、使用产品和产品服务。

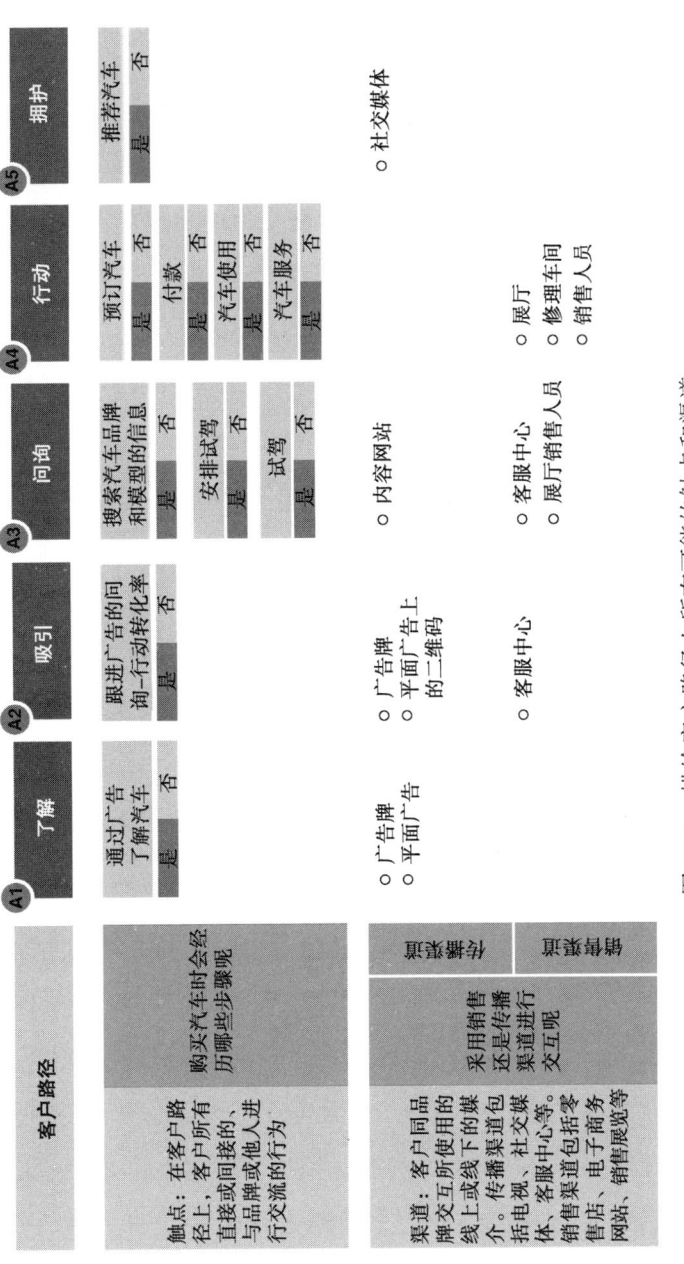

第 10 章 全渠道营销，实现品牌承诺 127

客户路径	A1 了解	A2 吸引	A3 问询	A4 行动	A5 拥护
触点：在客户路径上，客户所有直接或间接的与品牌或他人进行交流的行为	通过广告了解汽车 是/否	跟进广告的问询-行动转化率 是/否	搜索汽车品牌和模型的信息 是/否 安排试驾 是/否 试驾 是/否	预订汽车 是/否 付款 是/否 汽车使用 是/否 汽车服务 是/否	推荐汽车 是/否
渠道：客户同品牌交互所使用的线上或线下所有的媒介。传播渠道包括电视、社交媒体、客服中心等。销售渠道包括零售店、电子商务网站、销售展览会等	传播渠道	○ 广告牌 ○ 平面广告	○ 广告牌 ○ 平面广告上的二维码	○ 内容网站		○ 社交媒体
	销售渠道		○ 客服中心	○ 客服中心 ○ 展厅销售人员	○ 展厅 ○ 修理车间 ○ 销售人员	

图 10-1 描绘客户路径上所有可能的触点和渠道

而渠道则指的是客户同品牌交互所使用的线上或线下的媒介。渠道包括两大类：传播渠道和销售渠道。其中传播渠道包括所有传达内容和信息的渠道，比如电视、纸媒、社交媒体、内容网站等。销售渠道包括所有方便交易的渠道，比如零售店、销售人员、电子商务网站、电话销售代理和销售展览等。有时候这两种渠道联系紧密，很难清楚地分隔开。

一个触点可能涉及一个或者多个渠道，举例来说，客户可能通过多种资源了解到产品：纸质广告、网上广告、客服中心和销售人员。同样一种渠道也可能为多个触点服务，举例来说，客服中心既是客户了解产品的渠道，也是下订单的渠道之一。这些触点和渠道的相互交织确保了客户能够享受到无缝连续的体验。

对营销人员来说，触点和渠道越多，品牌的市场占有率就越高，但制定全渠道营销战略也就越难。在制订全渠道营销战略时，营销人员需要在市场占有率和简洁性之间寻找平衡。

第二步：找出关键的触点和渠道

每个客户选择的触点和渠道组合顺序都可能是不同的，我们称之为客户路径场景。举例来说，买车的人可能在网上看到广告，点进去，然后访问内容网站了解汽车信息，随后完成试驾并决定购买，这是一种场景。还有一种场景，客户也可能在电视上看到广告，打电话给客服，预约试驾，最后决定购买。

场景的多样化最终会为全渠道营销决策带来更多的变数。

因此我们要关注的是最有代表性且重要的内容。帕累托法则认为，80% 的客户都在效仿剩下 20% 的客户的购买场景。企业应该把资源集中在最重要的触点和渠道上，才能创造无缝连续的客户体验（见图 10-2）。

客户路径场景简图

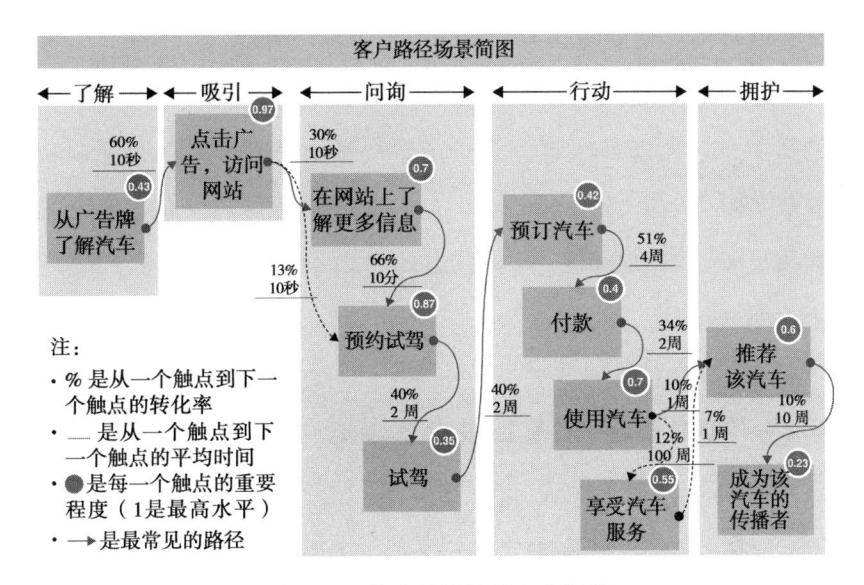

| 了解 | 吸引 | 问询 | 行动 | 拥护 |

了解阶段（0.43）：从广告牌了解汽车 → 60%，10秒
吸引阶段（0.97）：点击广告，访问网站 → 30%，10秒
问询阶段：在网站上了解更多信息（0.7）→ 66%，10分 → 预约试驾（0.87）→ 40%，2周 → 试驾（0.35）
问询→吸引：13%，10秒
行动阶段：预订汽车（0.42）→ 51%，4周 → 付款（0.4）→ 34%，2周 → 使用汽车（0.7）→ 10%，1周 / 12%，100周 → 享受汽车服务（0.55）
拥护阶段：推荐该汽车（0.6）→ 10%，10周 → 成为该汽车的传播者（0.23）
使用汽车 → 推荐该汽车：7%，1周

注：
- % 是从一个触点到下一个触点的转化率
- —— 是从一个触点到下一个触点的平均时间
- ● 是每一个触点的重要程度（1是最高水平）
- → 是最常见的路径

图 10-2 找出关键的触点和渠道

第三步：改善并整合关键的触点和渠道

下一步要做的就是评估并改善这些关键触点和关键渠道，实现成功的全渠道营销。企业应该分配额外的财务资源给这些重要的环节。

想要营造真正全渠道的体验，企业需要建立组织结构保证战略的实施，更需要打破组织孤岛，将负责不同渠道的内部团队连接起来，使它们能够相互协作，以便提供无缝连续的体验。许多情况下，企业如果能统筹不同渠道的部门以及它们的目标和预算，就能实现最佳的效果，让它们共同协作，跨渠道找出最合理的分配方式和实现目标的方法。目标只有一个，就是用全渠道营销实现最高的销售额和最佳的客户体验。

至于那些无法实现跨渠道合作的企业，它们可以激励所有的员工，让他们都愿意为全渠道营销做出贡献。举例来说，就算购买最终是在线上完成的，企业也可以因客服推动了客户的购买决策而激励他们。这种联合的激励策略能让组织内的每一个人都动起来。

总结：整合最佳的线上和线下渠道

客户在不同渠道间来来回回，却希望能获得无缝持续的体验。面对这一现实，营销人员要努力整合线上线下渠道，说服客户最终购买。营销人员应该结合线上世界的及时性和线下世界的亲密性，想要做到这一点，就要关注那些关键的触点和渠道，并让组织中的员工参与进来，共同支持全渠道营销战略的实施。

反思与问题：

- 你的行业最重要的客户触点和渠道是什么？
- 你是怎样统筹渠道，为客户创造无缝持续的体验的？

MARKETING
4.0

第 11 章

互动营销，赢得品牌亲和力

利用手机 APP、社会化 CRM 和游戏化的力量

让客户从了解到最终完成购买，营销人员就完成了所谓的一次销售循环。营销人员关注客户购买路径的这一部分可以理解，但他们绝不可以忽视从行动到拥护的最后一步，而这一步就是数字营销区别于传统营销的地方。数字经济中，移动互联和社交媒体社群的迅速扩张极大地扩大了品牌拥护者的影响力。

把初次购买者变为忠实的拥护者需要一系列的客户参与活动，在数字时代，有三种行之有效的提高客户参与度的方法：第一种是利用手机 APP 改善客户体验；第二种是利用社会化 CRM 为客户带来发言权和解决方案；第三种是利用游戏化引导客户行为，从而提高客户参与度。这三种方法并非彼此独立，营销人员应该把它们结合起来，实现最佳的效果。

改善手机 APP 客户体验

消费者日常生活中的很多活动都严重依赖于智能手机。皮尤研究中心称，在美国，大多数手机持有者都会用手机阅读新闻、分享信息、了解社群动态。德勤的研究则表明，美国人平均每天要查看手机 46 次左右。阿尔卡特 - 朗讯在巴西、日本、英国和美国四国开展了一项售后服务调查，结果表明相比于服务台，智能手机客户更喜欢使用自助服务 APP。人们越来越依赖智能手机，常常寸步不离，这也使得智能手机成为提高客户参与度的最佳渠道。因此，利用智能手机 APP 接触客户，提升客户参与度已经势在必行。

全球 100 强企业多数都在通过手机 APP 提升客户参与度，这些 APP 的用途多种多样。首先，可以作为搭载视频和游戏内容的媒体，比如使用 AR 技术的宝可梦 GO。人们走到新的地方，就会在屏幕上找到新的宝可梦精灵（一种虚拟的生物），这诱使人们去更多的地方旅行。

其次，手机 APP 也可以是客户使用账户、进行交易的自助服务渠道。沃尔格林和丰田金融服务等软件都是例子，丰田金融服务让客户可以用软件管理账号，甚至完成购车。沃尔格林则让客户按方抓药、打印照片、使用优惠券等。

最后，手机 APP 也可以融入整体的产品和服务体验环节中。这一点尤其体现在汽车行业中，比如宝马远程助理（BMW

remote）APP 就可以解锁和锁定客户的宝马车，并可以远程遥控汽车鸣笛或亮灯，方便客户找到汽车。奥迪的多媒体交互系统（MMI Connect）APP 则提供图片导航功能，让客户可以用手机向车载导航系统发送含有地理编码的图片。其他行业也有例子，比如说 DirecTV。APP 就让客户可以随时随地打造属于自己的家庭影院，收看电视节目。这些手机 APP 都可以有效地整合并改善最核心的客户体验。

有了手机 APP 的这三种用途，客户就可以实现与品牌畅通无阻的交流，把品牌装在"口袋"中。同时，企业也可以通过最有效、最高效的客户界面减少成本。

想要开发一款好的 APP，营销人员需要做到以下几步：首先要确定用途，即产品能为客户实现的目标；其次要设计关键功能和客户界面；最后，营销人员还需要思考为实现完美的客户体验所需的后台支持。

第一步：确定使用用途

营销人员需要合理开展市场调研，挖掘客户痛点，尤其是在产品服务体验上的遗憾，并通过这些痛点挖掘品牌应该具有的功能。企业应该能够描述 APP 为客户生活带来的便捷性。

举例来说，欧莱雅发现客户在网上购买化妆品时，面临的最大障碍是无法得知产品的适用情况。因此，欧莱雅开发了一款名为化妆天才（Makeup Genius）的软件，用 AR 技术将智能手机的相机变成一面虚拟的镜子，客户就可以亲身体验欧莱雅的产品。提前预览了产品效果后，客户还可以在社交媒体上分享结果。

第二步：设计关键功能和客户界面

一旦产品的用途确定了，营销人员就需要进一步设计其核心功能。手机 APP 的发展大方向是 SoLoMo（社交化、定位化、移动化），成功的品牌应用总是有着合作与共享的特征（社交化）、基于定位的功能（定位化）、移动功能（移动化）。

这种应用的典范就是耐克的 Nike+ 跑步俱乐部应用，它集社交、定位、移动的功能于一体。客户可以查询自己的跑步数据（定位化），并在移动设备上接受运动指导（移动化）。他们还可以将跑步的照片和数据上传到社交媒体，与朋友比赛（社交化）。

下一步则是确保客户界面即使对于不熟悉手机 APP 的人也足够友好。最关键的是保证手机 APP 的简单易操作，让客户无须学习就能快速上手。

第三步：整合后台操作

大多数应用的客户界面都不能离开后台系统的支持，营销人员需要将那些对于客户体验至关重要，却往往被客户忽略的因素整合起来。

这种整合通常要涉及后勤部门、实体商店、其他媒体渠道和第三方合作伙伴。举例来说，沃尔格林的手机 APP 让病人可以享受全套的健康服务，按方抓药，甚至进行视频问诊。沃尔格林为了实现无缝连续的客户体验，需要确保 APP 与实体店订单系统的完美衔接，还要和 MDLive（一款医疗服务 APP）合作，利用其医生网络，实现手机上的问诊。

提供社会化 CRM 方案

近些年，社交媒体的兴起势不可当，据皮尤研究中心调查显示，2015 年有 65% 的美国成年人都使用社交媒体，在 2005 年这一比例还只有 7%。2016 年全球社交媒体用户达到了 23 亿人，占世界人口的 31%，这一数据来源于 We Are Social 研究机构。

品牌利用社交媒体与客户建立联系已成大势。英国互联网广告局研究显示，90% 的客户在社交媒体上与品牌互动后都愿意去推荐它。NM Incite 的研究则表明，客户如果享受过良好的品牌关怀，成为品牌拥护者的概率是原来的 3 倍。因此，社会化 CRM——使用社交媒体管理品牌与客户的互动，并建立长期关系——就成为客户参与的重要工具。

社会化 CRM 是传统 CRM 的重大革新，传统 CRM 往往是企业主导的，而社会化 CRM 则是客户主导的。传统 CRM 中，企业选用自己偏好的渠道和客户交流，比如说电子邮件和客服热线。在社会化 CRM 中，客户则通过社交媒体上的咨询主动展开对话。因此，社会化 CRM 没有固定的营业时间，并且很少能够自动化。客户期望全天候获得即时和定制化的响应。

由于社交媒体的性质，社会化 CRM 是对话式的。与传统的单向和循环的 CRM 不同，社会化 CRM 涉及持续的对话。对话不仅发生在品牌和客户之间，也发生在客户所在的社群之间。由于社交的动态化，问题很难被掩盖或被隔离，潜在客户在内的所有人都能看到品牌的回应，并选择参与到对话中。

社会化 CRM 主要有三种用途，第一种就是听取客户的心声。品牌可以通过社交媒体获得大量的有关品牌的对话，并从中提炼有用的观点。第二种则是让品牌参与到大众对话中。企业指派团队来评论并影响对话，使其向有利于自己的方向发展。第三种是可以用于应对可能导致品牌危机的风评，让企业防患于未然，尽早给出解决方案。

尽管社会化 CRM 和社交媒体营销十分相像，但两者还是有区别的。社交媒体营销是指使用社交媒体传达品牌信息和内容（见第 9 章），而社会化 CRM 则是指用社交媒体解决客户的问题。好的社会化 CRM 所带来的良好体验，还可能转化成社交媒体营销活动。由于社交媒体的碎片化，社交媒体营销往往更加动态，因此，品牌需要投放到多种社交媒体平台上，接触更多客户，持续跟进最新的社交媒体平台趋势。社会化 CRM

则相对更稳定，毕竟不是所有的社交媒体平台都适合开展持续的对话。

有些时候，社交媒体营销和社会化CRM是共存的，两者可以组合，可以分离，各有其优势和侧重。有的品牌会使用不同的社交媒体账号，一个用来做内容营销，另一个用来做社会化CRM。举例来说，耐克使用nike.com做主账号进行内容营销，使用nikesupport.com做社会化CRM。两个账号的组织分工往往是分开的，各自有各自的负责团队和目标。社会化CRM出现了问题并不会影响主账号。但这样做也有弱点，那就是其受众也被分割了。社交媒体营销账号通常更加受欢迎，两个账号的对话风格也往往很难统一。

还有的品牌会用一个账号做两件事情，以此统一品牌的风格和受众，但这也为品牌带来了明显的风险。一旦风评出现问题，所有的受众都能看得到。Seamless是一家在线订餐服务公司，它就只有一个推特账号，且一直以及时回应客户问询而闻名。但如果出现了危机，比如说订餐系统出现故障时，它的社交媒体账号上就会变得全是差评。

第一步：提高感知与反馈能力

社交媒体中进行的对话量是惊人的，而且不是所有的客户都会直接向品牌询问产品信息，人们通常只会在与朋友闲谈时不经意地提起这些品牌。因此，社会化CRM需要具备社群聆听的算法，对社交媒体上有关自己品牌的对话进行监控、过滤、优化。算法应该能够识别对话的行动点，及时参与并引导对话走向；能够找出可能导致品牌危机的公众焦虑与负面评价。只有这样，企业才能有机会防患于未然，而想要有效实现这些目标，企业可以运用多种软件和手段。

第二步：培养并授权社会化 CRM 代理

之前提到，社会化 CRM 无法完全实现自主化。社交媒体的本质是人与人交互的平台，因此，品牌想要打造社会化 CRM 平台，就要招募并培养社会化 CRM 代理，让他们能恰当地展现品牌与客户的契合度。这些代理的个人特征和情怀也应该能够代表品牌的特质，以代表品牌与客户沟通。

由于社交媒体上的对话多种多样，这些代理应该有着较强的知识储备，并可以参照品牌的历史记录和解决方案合理应对。品牌还要鼓励这些代理相互分享自己的故事，加快学习速度。这些代理往往无法提供即时的解决方案，而是要彼此合作共同解决问题。因此，代理应该在系统内进行适当的连接，以便与组织内的其他各方进行协调。

第三步：利用社群参与

企业应该意识到，在未来想要面面俱到地照顾所有社交媒体中的对话是不可能的。必须完成从传统的一对一的 CRM 到社会化的多对多的 CRM 的思维转变。企业不该再忙于参与对话，而是应该让品牌拥护者成为免费的广告宣传者。

有时候，让拥护者去回应负面评论往往能拉品牌一把，因为客户的可靠性让他们更容易获得信赖。社会化 CRM 的终极形态应该是连接客户与社群的自助平台，许多已有的社会化 CRM 社群都将游戏化作为奖励社群成员贡献的一种手段。举例来说，思科公司的社群中有很多专家和 IT 从业者，它把社群建设成了能够答疑的线上支持系统，对于那些答疑的成员，思科公司会发放荣誉点和徽章以示鼓励。

用游戏化实现目的

游戏化，就是将游戏机制应用于非游戏环境中的行为，是一种提高客户参与度的有效手段。游戏化通常用于提高客户参与度的两个主要场景：客户忠诚度计划和客户社群。尽管人们的看法呈两极化趋势，近些年的游戏化应用领域仍在逐渐扩大。皮尤研究中心采访了 1 000 名科技企业股东和评论家，调查结果表明：有 53% 的人认为到 2020 年游戏化会成为主流，而有 42% 的人则认为游戏化的应用只会在有限的几个领域中。

客户忠诚度计划中最早的游戏化应用体现在航空行业中，航空公司会奖励那些一直选择乘坐自己航班的乘客。频繁飞行计划通过记录乘客的累计里程数或积分，为他们兑换航程以及其他相关的产品和服务。这些计划多数设立了客户等级，那些较高等级的乘客，也就是通常所说的精英乘客，也就会享受更多的特权。

游戏化还经常用于网络客户社群中。举例来说，猫途鹰就通过游戏化来增强客户参与度。在客户忠诚度计划中，客户的动力来自可兑换奖励的积分，而在客户社群中，这种动力变成了信誉点，也就是所谓的徽章。猫途鹰对客户生成内容的依赖度很高，这就要求其能够不断获得稳定、新颖、高质量的客户评价。

为实现这一条件，猫途鹰为那些对社群有贡献的客户颁发徽章表示嘉奖，评论家也会更加有动力继续写评论。从菜鸟评论家（1篇评论）到评论大师（超过50篇评论）共分六级，另外还有颁发给旅店、饭店、名胜等单独的类别对应的专家的专家徽章，以及用来奖励去过至少两个国家的评论家的护照徽章。评论家会收到告知自己排名的邮件，并为了提升排名而继续创作。鼓励客户完成任务，鼓励彼此竞争，这些游戏化的机制，都在持续提高客户参与度方面取得了不错的成效。

游戏化能成为提高客户参与度的终极法宝有几个原因。首先，游戏化利用了人们想要取得更高成就，渴望被认可的心理。有的人是被奖励吸引的，有的人则是期待自我实现。像游戏一样，游戏化实现更高等级的过程也容易让人上瘾。因此，客户与企业的持续互动会产生更强的品牌吸引力。

此外，游戏化还有着很强的可信度，客户只有完成了特定的任务，比如说购买产品或者推荐给朋友，才会受到奖励。由于特权是和等级挂钩的，企业只会给那些名副其实的人奖励。因此，做好营销预算是很有用的，企业想要获得一定的盈利，就先要算好需要投入多少。积分和里程数，如果可以兑换的话，就会成为十分可靠的虚拟货币。对企业来说，可以兑现的积分就是可靠的资产负债表。

更重要的是，游戏化与数字经济中的技术融合紧密相关。游戏化是交易或非交易活动中，收集数据的有效方法，有利于实现定制化和个性化，而客户分级也能让企业关注到它们最重要的一部分客户。大数据分析则让它们了解客户的行为模式，有效实现营销的自动化（比如说个人化销售、交叉销售、向上销售）。

营销人员想要使用游戏化实现客户参与，通常需要按照三步走。他们需要确定通过游戏化想要触发的客户行为。一旦目标确定了，营销人员则需要进一步确定客户如何能参与到游戏化环节中，如何实现升级和降级。在不同层级中，营销人员需要设计好确定的认可和奖励，激励客户向更高层级移动。

第一步：确定想要触发的客户行为

游戏化项目一般是想要促进一些客户行为。客户完成了任务，就会获得积分，营销人员最想促进的行为就是购买、介绍、支付等交易性行为。买得越多，客户的积分也就越高。星巴克的奖励机制中，买得越多，客户就可以兑换越多的免费食物和饮品。游戏化的环节还能让客户介绍新客户，比如说优步就赠送给那些邀请朋友注册并使用的客户一些免费的里程数或者提供一定的优惠。LendUp 是一家网络借贷公司，它的客户是那些信用评级较差，存款都是负数的人，因此它会鼓励客户及时还款，赢得分数。

当然营销人员还会鼓励客户去完成非交易性的任务。之前提到过，游戏化的环节能让客户写下评论。亚马逊用最佳客户评论和名人堂功能筛选出认真积极填写评论的客户。此外，客户还会被鼓励提供个人信息。举例来说，星巴克奖励过生日的客户免费的饮品，以此收集他们的生日信息。最后，营销人员还会鼓励客户培养良好的习惯、改正恶习。举例来说，LendUp 会奖励给那些观看指定视频的客户积分，而这些视频讲的是如何提高自己的信用评级。AchieveMint 是一家创业公司，它使用健康软件追踪客户参与健身活动的情况，并奖励积分，这些积分可以兑换成商品或者现金。PlayMoolah 是一家新加坡的公司，它用游戏化的内核去教导儿童如何更好地理财。

第二步：制定客户登记标准和分级标准

在客户实现第一笔交易或者注册填写个人信息，因此赚得第一笔积分时，有的企业就自动完成了客户登记。完成登记后，客户就可以完成其他任务，获得更多积分，提升社群地位。大多数企业将客户状态分为不同层级，比如说金、银、铜，以此更好地管理关系和成本。所有的层级都对应特定的特权，也就对应了特定的维护成本。分级还使得企业能够关注每个客户的终生价值，锁定那些最有价值的人。因此，当客户等级有所提升，享受的特权和服务更好，他们就会感觉到实现了价值。由于企业可以衡量客户的终生价值和维护成本，也就可以确定每个客户的盈利效率。

丝芙兰是一家法国连锁美妆产品销售商，它有三层客户等级。最低一级是入门级的 Beauty Insider，无须购买，注册即可加入，这一层级的会员也能享有免费的生日礼物和免费试用产品等特权。客户消费一定数额后，就可以进入 VIB（真正的会员）和 VIB Rouge（红卡会员）两个层级。

客户分级还让企业能够有序地跟进每个客户的购买力情况和亲和力程度。从客户路径来看，客户分级是分析客户所处阶段的指南。等级越高，客户的参与度就越高，也就越接近品牌拥护者这一阶段。因此，分级使得企业能够找出最活跃、最热情的客户群体，并把这些客户变为品牌的拥护者。

为了在管控成本的同时持续激励客户，有的企业推出了惩罚机制，通过这种机制客户可以被降级甚至被等级重置。举例来说，当客户超过一段时间没有登录，没有达到积分要求的阈值，或者积分过期，都可能受到惩罚。这种机制是否适用于某一企业，要取决于客户的特征和游戏化环节的成本结构。

第三步：确定认可和奖励

下一步就是要为客户的不同等级设定专属的特权和奖励了。好的特权要有其专有性，未经认证无法获得，并且仅对特定层级的客户开放。举例来说，LendUp 就为不同等级的客户提供不同利率的贷款，等级越高，利率就越低。丝芙兰则为 VIB 会员提供了试用新品的特权。同样，特权还可以访问特定的客户界面，举例来说，客服专线和客服定制化都是高等级客户经常享受的特权。

还有一种越来越多的奖励是即时奖励，无须等待积累的过程，即刻兑换。比如说在线旅游网站 Orbitz 就让客户可以无须等待，即刻兑换积分，获得现金，当然客户也可以选择存下来，这种机制叫作 Orbucks。有的时候，即时奖励无须分级系统，比如说，麦当劳开心套餐就会随餐附带免费的玩具，供客户收集。

总结：手机 APP、社会化 CRM 和游戏化

想要让购买者变成拥护者，营销人员需要一系列的客户参与策略。在数字时代提高客户参与度的策略中，已经证实行之有效的主流技巧有三种：第一种是使用手机 APP 改善客户体验；

第二种是使用社会化 CRM 为客户带来参与感，解决客户的问题；第三种是使用游戏化刺激客户完成预期的行为。

反思与问题

- 手机 APP、社会化 CRM 和游戏化如何帮助我们吸引客户参与活动？
- 你的行业中想要落实这些客户参与环节，所面临的挑战是什么？

MARKETING
4.0
结语

准备好 WOW 惊叹吧

曾经有一名来自得克萨斯州的创业者，他叫蒋甲，由于在起步筹集资金时经历了几次失败，他很害怕遭到拒绝。为了克服这种心理障碍，他决定拟定 100 个可笑的请求，用 100 天直面他人的拒绝。在如愿被拒绝了几天后，他来到了卡卡圈坊（Krispy Kreme），没想到的是，这一次他的请求被接受了，任务也就失败了。

卡卡圈坊一名叫杰姬·勃劳恩的店员按照他的请求，为他做了一盒形似奥运五环的甜甜圈，甚至连颜色都是对应的。原本期待着被拒绝的蒋甲却收获了他的 WOW 时刻，而这一视频被上传到 YouTube 上后，收获了超过 500 万的播放量。天啊！

WOW 是什么

从蒋甲的故事中，我们了解到 WOW 就是客户在遇到难以名状的惊喜时表现出的情绪。我们还了解到构成 WOW 的因素有三方面。其一，WOW 要让人惊讶，当某人有一定的期望值，而结果超出这个值时，他就会发出惊叹。超出期望值的事件就是 WOW 的来源。其二，WOW 是个人化的，只有通过个人体验才能触发。蒋甲如果没有这个奇怪的请求，他在卡卡圈坊的待遇也就和别人没有区别了。

个人深藏的需求一旦得到满足也会引发 WOW 时刻。但往往不是所有消费者都能清楚地说明自己想要什么。其三，WOW 是有传播性的。经历了 WOW 时刻的人会自主向他人传播这一信息。蒋甲的事件为卡卡圈坊带来了免费的宣传，让 500 万人了解了它的额外服务。WOW 因素不会每天都出现在业务中，但一旦机会出现，我们就一定要抓住，因为 WOW 因素最后会让客户成为忠实的拥护者。

综合这些因素来看，WOW 时刻的出现是随机的，那么企业和品牌能够主动创造 WOW 时刻吗？答案是肯定的。

在营销 4.0 时代，只有优秀的产品和服务才能成为商品，而 WOW 因素就是品牌脱颖而出的关键。企业和品牌绝不能仅仅依靠机会，而是要通过设计策略、完善设施和流程、培训员工，实现 5A 路径上的 WOW 时刻。

享受、体验、参与：WOW

在客户购买过程中，企业和品牌应该努力创新，提升品牌互动。客户眼中的产品层次有三：享受、体验、参与。

只关注产品质量的企业和品牌为客户带来的只有享受，它们所关注的产品和服务发展是为了满足客户的需求。

能够看得更长远的企业和品牌，往往能为客户带来良好的客户体验。通过服务计划和设计，它们为客户带来的是差异化的线上和线下的服务体验。

最后，那些站在最高点的企业和品牌往往让客户能够参与决策，使它们能够展现自己的地位。通过改善客户体验，并提供足以改变生活方式的定制化，它们实现了客户最深层次的需求和渴望。

你准备好了吗

企业和品牌中的佼佼者都不会把 WOW 时刻交给运气，而是会自己去设计和创造。它们努力引导客户从了解到拥护品牌，并创造性地让客户从享受到体验，再到参与。你是它们中的一员吗？

MARKETING
4.0
附 录

营销 4.0：从传统到数字，营销的"变"与"不变"⊖

被采访人：菲利普·科特勒

采访人：CEO 咨询顾问，科特勒咨询中国区管理合伙人，《增长五线》作者王赛博士

地点：科特勒世界营销峰会（Kotler World Marketing Summit），日本东京

未来的营销：走向营销 4.0

王赛： 此次在科特勒世界营销峰会中，您提到了这 50 年中"营销的演进"（marketing evolve），展示了营销发展的战略图谱。这次发言既是对过去 50 年的回顾，也是对营销趋势的展望，尤其您谈到数字技术对营销的升级，但是正如法国政治家阿历克西·德·托克维尔（Alexis-Charles-Henri Clérel de Tocqueville）

⊖ 此文曾作为封面文章发表在《清华管理评论》2017 年 3 月刊，原标题为《营销 4.0：从传统到数字，营销的"变"与"不变"——"现代营销学之父"菲利普·科特勒专访》。

所说的，未来总是孕育在过去之中，作为营销领域的奠基人，您认为这其中贯穿着何种本质性的脉络？

菲利普·科特勒：60 年前，我在麻省理工学院从经济学转到真实世界的营销学。从我的《营销管理》第 1 版出版，至今已经跨越了半个世纪。战略性的营销思想在过去 50 年发生了巨大的变化，在这 50 年中，我既是理论的整合与发展者，也是很多欧美企业的市场战略顾问，在这个过程中实践与理论相互融合、相互促进。我认为，伴随着经济周期特征对不同战略思想发展的影响，在不同的阶段，都有重要的营销理念被提出，比如我们熟知的市场细分、目标市场选择、定位、营销组合（4P）、服务营销、营销 ROI、客户关系管理、品牌资产，以及社会化营销、大数据营销、营销 3.0，还有这次我提到的营销 4.0。

　　从企业高层的视角来看，战略性的营销导向可以分为产品导向、客户导向、品牌导向、价值导向以及价值观与共创导向。从营销思想进化的路径来看，营销所扮演的战略功能越来越明显，逐渐成为企业发展战略中最重要和核心的一环，即市场竞争战略。它帮助企业建立持续的客户基础，建立差异化的竞争优势，并实现盈利。50 年来营销发展的过程也是客户价值逐渐前移的过程，客户从之前被视为价值捕捉、实现销售收入与利润的对象，逐渐变成最重要的资产。客户和企业共创价值、帮助企业形成交互型的品牌，企业进一步将资产数据化，企业与客户形成一个共生的整体。

战略中心性、客户价值、与客户进行交互，这些都是营销在企业战略中最重要的主线。20世纪90年代，杰克·韦尔奇问我什么是市场导向型企业，我请他去问他的CEO们，他们做战略规划的时候，更多考虑的是企业的资本和内部运营，还是客户的需求和忠诚度。今天亦是如此，在市场外部环境不断震荡的时候，很难再靠押注一个有潜力的行业去盈利，只有建立在客户价值实现上的盈利，才能带来持续的增长。营销的本质在于创造卓越的客户价值，并在客户价值的基础上兑现企业价值，无论在传统时代还是在数字时代，这都是不会变的。依此不变，才是真正的市场战略，即市场导向型战略（marketing-driven strategy）。

王赛：您这次系统地提出了营销4.0，并即将与我们另一位同事陈就学博士出版《营销革命4.0：从传统到数字》。我记得6年前您提出了营销3.0，次年您到中国宝钢、腾讯等企业演讲，并给予诸多高管咨询建议，当时我记得有部分企业觉得营销3.0太过于理想化，而5年过去了，时间、实践可以来证实或证伪。在我的认识中，数字战略转型中至少有一个重心在于社群战略，而社群成功与否很重要的一点在于这个社群是不是基于价值观来凝聚的，我称为"价值观与价值同等重要"，只有基于价值观来凝聚的社群，才能有黏性，才能有效地将"关系"（relationship）变现为"收入"（return）。回过头看，这正是营销3.0的核心——价值观的力量。那这次营销4.0带来的变化，是版本的微创新，还是思维模式的升级？

菲利普·科特勒： 营销 1.0 就是工业化时代以产品为中心的营销，这些产品通常都比较初级，其生产目的就是满足大众市场需求，最典型的是 20 世纪初的福特汽车；营销 2.0 是以消费者为中心的营销，其核心技术是信息科技，企业向消费者传递情感与形象，正如宝洁、联合利华等快消品企业开发出几千种不同档次的日化产品来满足不同人的需求一样；营销 3.0 则是合作性、文化性和精神性的营销，也是价值驱动的营销。如今，随着社会发展，马斯洛需要层次理论中的生理、安全、归属、尊重这四层需要相对容易被满足，于是，自我实现对客户来说变成了一个很大的诉求，营销 4.0 正是要迎合这一诉求。

随着移动互联网以及新的传播技术的出现，消费者能够更加容易地接触到所需要的产品和服务，和与自己有相同需求的人进行交流也更加容易，于是出现了社群性消费者。企业将营销的中心转移到如何与消费者积极互动、尊重消费者作为"主体"的价值观上，让消费者更多地参与到营销价值的创造中来。在消费者与消费者、消费者与企业不断交流的过程中，由于移动互联网、物联网所带来的连接红利，大量的消费者行为、轨迹都留有痕迹，产生了大量的行为数据，我将其称为"消费者比特化"。这些行为数据的背后实际上代表着企业与消费者的无数连接点。如何洞察与满足这些连接点所代表的需求，帮助消费者实现自我价值，就是营销 4.0 所需要面对和解决的问题，它是以价值观、连接、大数据、社群、新一代分析技术为基础来造就的，它是一次思维的变革。

营销 4.0 不是对营销 3.0 的否定，正如营销 3.0 不是对营销 2.0 的否定一样。营销是科学和艺术的融合。营销 3.0 要让你的营销触及消费者与利益相关者的心灵，营销 4.0 要让这种数字冲击的轨迹可利用、可追溯，甚至实现营销自动化。当然很有趣的一个问题是，随着人工智能的兴起，机器未来是否会有灵魂，万物互联的世界中营销是否无处不在？市场在推动市场营销前进。今天，我们面临"双倍速"的世界，一个是实体世界，另一个是虚拟的数字世界。还可以按照地域分，一些国家和地区，如美国和中国，营销已经进入了 3.0 与 4.0；另一些，如非洲、拉美和东南亚，它们虽然也被连接，但是营销 1.0、营销 2.0 的做法仍然有效。所有的理论，都是在渐进中形成的，需要将理论的背景放到不同的环境中去解读，以"使用的成果"而非"理论的先进"来判断，这也是我的故友、管理学家与计算机专家赫伯特·西蒙（Herbert Simon）的观点。

传统的营销：已被"终结"了吗

王赛： 营销 4.0 是否意味着在移动互联网下，数据营销将成为营销最主流的思维与武器？数据、人工智能会终结传统营销吗？"人工智能 + 数据"会不会自动产生未来的营销战略规划？

菲利普·科特勒：最近我在凯洛格商学院的同事穆罕索尼组建了新的数字营销研究中心，这个世界确实进入了"消费者比特化"，由于连接留下的"痕迹"，造成轨迹可以追踪，并可以基于大量的数据建模、计算来预测消费者行为。一些互联网巨头包括谷歌、Facebook 都有很好的数据基础，但这并不会成为颠覆"传统营销"的核心，数据营销会变成很好的运营工具，但营销的核心，即需求管理、利他、创造价值，是不会变的。我相信云计算、大数据、人工智能能让分析更有效、更快、更精准，但是它们未必能有"战略"的思维，未必能有与人产生情感共鸣的本能，所以我在营销 4.0 中反复提到价值观驱动的重要性。在数据时代，一个企业的价值主张反而变得更重要；在连接时代，有价值观的企业才能真正形成自己的社群，让企业与消费者实现价值共创。数据是冰冷的，营销要在数据的基础上直击消费者的心灵，正如另一位已故的哈佛营销学教授西奥多·莱维特（Theodore Levitt）所言：营销更需要想象力。当然，数据营销的能力非常重要，我的意思是，数据应该为战略思维所用。"人"的世界不可能全部被数字替代。所以，回到我们讨论的问题，我觉得大数据、深度学习、人工智能这些力量介入到营销中，改变的是营销技术（marketing tech），不是营销战略（marketing strategy）。

王赛：很多 CEO 和 CMO 称"营销理论被颠覆"，我经常和企业家开玩笑，如今这个时代还提"基业长青"会被笑为"不知魏晋"。在美国硅谷和中国，一批又一批人谈"颠覆"，谈"革命"，谈"重新定义"，营销也需要重新定义吗？比如在中国有人提到"在数字时代，品牌已经成为过去式""在互联网时代，产品力比定位更强"，您怎么看？

菲利普·科特勒： 每年在全世界各个主要城市的大型营销峰会上，都会讨论这个问题。当数字化浪潮从导入期、高速发展期到了现在的全面接受期，大家反而喜欢回过头来讨论营销中"哪些没有变"，数字时代没有变化的是营销的本质。数字技术是对营销手段和营销方法的升级，但是它没有替代营销的本质。

至于那些关于"品牌已经成为过去式"的言论，问题的核心在于言论的提出者们如何看待品牌，是把品牌当作一个传播的渠道，还是把品牌当作一项为客户创造价值的资产。仅把品牌当作一种传播渠道和结果，这从根本上歪曲了品牌战略的定义。我反而认为，由于数据和资源的无边界流动，数字时代建设品牌的作用会更大，因为企业以品牌作为认知核心可以逐渐扩大疆域，成功进入不同的行业，这个是传统时代的企业所想象不到的。至于谈论"在互联网时代，产品力比定位更强"，产品力和定位并非两个相斥的概念，定位让产品的卖点聚焦，更有效地传达价值。很多时候，我们提出一个问题，其实原因在于我们连问题中涉及的概念都没有掌握。

还有一个问题是"重新定义营销"，关键需要具体化，重新定义营销的什么？从 4P 的维度来看，确实很多东西变了。以前产品开发最多做到客户导向,例如宝洁进入消费者的家庭,做沉浸式开发;现在,在数字时代,这些都可以通过客户交互式参与的方式来实施了。众筹、众推、众包、MVP 精益创业,这些理念和实践使得产品开发的方式都发生了变化,我也看到你新提出了数字营销 4R 模式,但我想强调的是,在数字时代,营销应该更加活跃地扮演战略中心的角色,更加具备战略意义,而不是被技术替代,被其他组织功能替代。

营销者:误区与挑战

王赛: 近来我参与了很多 CMO 和 CEO 讨论数字营销转型的峰会,让我感到失望的是,这些论坛的发言大多数聚焦在数字广告领域,如需求方平台(demand-side platform,DSP)的投放、数据管理平台(data-management platform,DMP)的搭建,CMO 负责的市场部似乎变成了一个营销广告代理公司的代言人。这与我在美国参与的数字营销峰会完全不同,我觉得这是对数字营销甚至营销本身的误读,这也是我和一些合伙人最近出版《数字时代的营销战略》一书的原因。您怎么看待今天数字营销领域讨论的问题,这些问题是否过于狭隘,让营销变得太过战术化?

菲利普·科特勒: 这个问题非常有意思,当然在前面我们的对话中,我也反复谈到营销的战略功能作用。这里面涉及一个如何从不同层面看营销的问题。我给很多企业的CEO做顾问，发现在企业实践中，往往有四种类型的营销。

第一种是1P营销，这种企业的市场营销战略只是围绕一个P展开的，就是促销（传播）。这种企业中营销功能就是管理广告、公共关系，现在还包括管理社交媒体。这是低维度的营销，不是营销战略，更不是市场驱动的战略。

第二种是4P营销，即4P（产品、定价、渠道、促销），由市场营销部门来统筹资源、统一决策和管理。

第三种是STP+4P营销，STP即市场细分（segmentation）、目标选择（targeting）、定位（positioning），营销变成识别企业增长机会、实现客户价值与企业价值的手段与方法论，这种营销才是营销战略、市场战略。战略的核心结果是什么？是增长。市场是驱动增长的唯一因子。

第四种是ME营销，即营销无处不在，营销驱动、市场驱动作为一种思维、动力和方法论渗透到企业各个部门、各个职能，这是以市场为导向的战略。

回到我们的讨论，我们与CEO、CMO讨论的数字营销，是哪种类型的数字营销？数字广告属于第一种类型，它不是"大象"的全部，最多算一个"象鼻子"。

营销所扮演的角色很大程度上取决于CEO看待营销的方式，我每年到无数企业与CEO见面开会，有的人把营销战略作为企业增长驱动力的核心，有的人只把营销作为一种职能或战术。这两种观念下，实践的结果有天壤之别，这种差异可以从乔布斯在苹果的两个时代的比较中看出来。创新者和营销者是不一样的，创新者必须实现可能性（masters of possible），营销者则要创造价值（master of values）。当创新团队寻找到一个崭新的、可能的创新机会时，未必意味着要推向市场，这时需要与营销人员进行紧密合作，判断什么样的产品、在什么时间段适合推到什么样的市场。营销战略能帮助科技企业兑现价值。

至于说营销的未来在哪里，还是回归到创造客户价值上。当然，创造客户价值的同时，还要为股东和社会利益相关者创造商业价值。我的设想是，随着战略越来越从行业选择回归到客户价值创造的路径上，营销将成为企业增长的第一驱动力，营销的未来即市场导向型战略的未来。

王赛：这两年还有一个巨大的改变，就是越来越多的CMO进入CEO的群体，您怎么看这个问题，营销人员与高管的机遇与挑战在哪里？从组织、职能上看，未来的营销将需要融入哪些角色？

菲利普·科特勒：我以前讲，最应该和CEO的办公室对门的就是CMO的办公室。正如罗伯特·卡普兰（Robert S. Kaplan）教授所说，财务的变现需要客户基础，营销高管是客户资源的中心。以前战略的核心在于行业选择，CEO关注企业要进入哪些行业、退出哪个行业，选择一个好的战场就相安无事了，这正是迈尔克·波特（Michael Porter）关注的问题。但是现在的竞争更具体到微观布局，如何创造客户价值，如何保留客户、创造客户忠诚度，如何采取客户思维来重塑客户体验，如何用品牌建立护城河，这些都变成了竞争的核心。市场营销从一个职能变成一种思维，一种战略的核心发力点。我想这是 CMO 工作挑战的一个层面，当然也是机会，但是在企业层面，拥有这种思维和技能的 CMO 太少了。

同时，IT 和营销开始融合，以前营销和技术没有充分地结合，现在从传统营销走向数字营销的过程中，技术、数据采集、营销思维要打通，而且必须在 CMO 层面打通，企业中营销技术官、数字营销官这些岗位的设置，使得相应的人才很抢手，这些高管必须既懂营销，还懂如何处理数据、应用数据、洞察数据，并了解如何应用新兴科技将传统营销升级。这些都是 CMO 要面临的挑战。跨界的复合能力越来越关键。我曾经这样比喻：未来的营销人员至少要有"2M"能力，即 Madison（麦迪逊）和 MIT（麻省理工学院）的双向能力，前者表示麦迪逊大街的创新创意，后者表示麻省理工学院的科技使用、数据处理能力。

MARKETING 4.0
术语表

Act Phase　行动阶段

Advocate Phase　拥护阶段

Appeal Phase　吸引阶段

Ask Phase　问询阶段

Aware Phase　了解阶段

Brand Advocacy Ratio，BAR　品牌推荐率

Brand Affinity　品牌亲和力

Brand Awareness　品牌知名度

Commitment　承诺

Community Marketing　社群营销

Connected Customer　互联客户

Connectivity　连接/连接性

Customer Engagement　客户参与

Consumer Packaged Goods，CPG　包装消费品

Customer Relationship Management，CRM　客户关系管理

Content Marketing　内容营销

Digital Connectivity　数字连接

Digital Subculture　数字亚文化群

Digital Transformation　数字化转型

Feedback Loop　反馈回路

Marketing Communication　营销传播

Omnichannel Marketing　全渠道营销

Power Shift　权力转移

Purchase Action Ratio，PAR　购买行动率

Traditional/Digital Marketing　传统/数字营销

科特勒新营销系列

书号	书名	定价	作者
978-7-111-71337-1	营销革命5.0：以人为本的技术	69.00	(美) 菲利普·科特勒
978-7-111-66272-3	什么是营销	69.00	曹虎 王赛 科特勒咨询集团(中国)
978-7-111-62454-7	菲利普·科特勒传:世界皆营销	69.00	(美) 菲利普·科特勒
978-7-111-77241-5	营销革命4.0:从传统到数字	69.00	(美) 菲利普·科特勒
978-7-111-61974-1	营销革命3.0:从价值到价值观的营销(轻携版)	59.00	(美) 菲利普·科特勒
978-7-111-61739-6	水平营销:突破性创意的探寻法(轻携版)	59.00	(美) 菲利普·科特勒
978-7-111-55638-1	数字时代的营销战略	99.00	(美) 艾拉·考夫曼 (中) 曹虎 王赛 乔林

关键时刻掌握关键技能

人际沟通宝典

《纽约时报》畅销书，全球畅销500万册

书中所述方法和技巧被《福布斯》"全球企业2000强"中近一半的企业采用

部分推荐人

史蒂芬·柯维 《高效能人士的七个习惯》作者	刘润 润米咨询创始人
菲利普·津巴多 斯坦福大学心理学教授	樊登 帆书（原樊登读书）创始人

关键对话：如何高效能沟通（原书第3版）

应对观点冲突、情绪激烈的高风险对话，得体而有尊严地表达自己，达成目标。
说得切中要点，让对方清楚地知道你的看法，是一种能力；
说得圆满得体，让对方自我反省，是一种智慧。

关键冲突：如何化人际关系危机为合作共赢（原书第2版）

化解冲突危机，不仅使对方为自己的行为负责，还能强化彼此的关系，成为可信赖的人。

影响力大师：如何调动团队力量（原书第2版）

轻松影响他人的行为，从单打独斗到齐心协力，实现工作和生活的巨大改变。

关键改变：如何实现自我蜕变

快速、彻底、持续地改变自己的行为，甚至是某些根深蒂固的恶习，这无论是对工作还是生活都大有裨益。

推荐阅读

关键跃升：新任管理者成事的底层逻辑

从"自己完成任务"跃升到"通过别人完成任务"，你不可不知的道理、方法和工具，一次性全部给到你

底层逻辑：看清这个世界的底牌

为你准备一整套思维框架，助你启动"开挂人生"

底层逻辑2：理解商业世界的本质

带你升维思考，看透商业的本质

进化的力量

提炼个人和企业发展的8个新机遇，帮助你疯狂进化！

进化的力量2：寻找不确定性中的确定性

抵御寒气，把确定性传递给每一个人

进化的力量3

有策略地行动，无止境地进化